AF438775

HISTOIRE

DE

SAINTE PROCULE

ET DE SON CULTE

PAR L'ABBÉ DUROT,

CURÉ-DOYEN DE GANNAT.

———— ✸ ————

GANNAT

IMPRIMERIE F. MARION, GRANDE-RUE

—

1888

ÉPITRE DÉDICATOIRE

A Monseigneur

Pierre-Simon-Louis-Marie de Dreux Brézé

Évêque de Moulins, Assistant au Trône Pontifical.

Monseigneur,

Ce sera une des gloires de votre épiscopat, long, laborieux et fécond, d'avoir développé le goût des études ecclésiastiques.

Déjà, sous votre douce et forte impulsion, plusieurs de mes confrères ont livré au public des ouvrages qui ont reçu le meilleur accueil et grandement fait honneur au clergé de notre cher Diocèse.

Oserai-je, après eux, présenter à Votre Grandeur mon humble travail sur la Patronne de ma paroisse ?

IV

*A mon arrivée à Gannat, il y a dix-huit
ans, j'avais remarqué que la foi du peuple
envers sainte Procule était grande et confiante, mais que pour quelques-uns elle était
obscurcie par plus d'un nuage. A certaines
questions ressemblant fort à des objections,
à certains sourires, il était facile de com-
prendre qu'il y avait du doute sinon de
l'incrédulité dans les esprits.*

*Je savais bien que le bon St François de
Sales est d'avis « qu'une histoire pour être
» admirable, n'en est que plus croyable
» aux amants de J.-C., puisque, comme dit
» le St-Apôtre, la charité croit volontiers
» toutes choses qui exaltent et magnifient
» l'amour de Dieu envers les hommes et
» l'amour des hommes envers Dieu, d'où
» il conclut qu'il faut laisser les scavants
» refroidis au vent de la bise de l'incrédu-
» lité murmurer de ces créances et répon-
» dre à ceux qui s'en gausseraient : Patres
» nostri annuntiaverunt nobis, » ce sont
nos Pères qui nous ont appris cela ; néanmoins je conçus un vif désir de mettre la*

*main sur des documents et pièces authen-
tiques propres à fortifier la foi des uns et
à dissiper le scepticisme des autres.*

*C'est le fruit de mes recherches que je
donne aujourd'hui.*

*Puisse le lecteur y trouver le même char-
me et la même conviction que j'y ai trouvés
moi-même !*

*Puisse sainte Procule y gagner quelques
hommages de plus !*

*C'est toute mon ambition ; et comme la
bénédiction d'un évêque porte toujours bonheur, veuillez me permettre de la demander
pour moi et mon ouvrage, humblement
prosterné à vos pieds où je dépose l'hommage du profond respect et de la religieuse
vénération*

avec les quels j'ai l'honneur d'être,

Monseigneur,

de Votre Grandeur

le fils dévoué et le très obéissant serviteur,

J. H. DUROT,

Curé-Doyen de Gannat.

Gannat, le 29 mai 1887.

J.M.J.

Monseigneur,

Selon le désir que Votre Grandeur m'en a fait exprimer, j'ai lu le travail de Monsieur le Curé-Doyen de Gannat sur sainte Procule, Patronne de cette ville.

Il m'est bien agréable de le dire : je l'ai lu avec le plus vif intérêt et, pour plusieurs chapitres, avec une véritable édification. Cet intérêt et cette édification seront, j'en suis sûr, partagés par tous ceux qui le liront lorsque, revêtu de Votre approbation, Monseigneur, il pourra se répandre dans le Diocèse et au-delà.

L'Histoire de sainte Procule et de son culte est une œuvre pleine de recherches consciencieuses, qui ne témoigne pas seulement de la grande piété de son auteur envers cette Sainte, mais aussi d'une éru-

dition solide mise au service d'un sujet qu'il fallait débarrasser des obscurités dont il était comme enveloppé jusqu'à présent.

C'est donc sans aucune hésitation que j'écris ici, comme Vous le voyez, Monseigneur, plus que le « Nihil obstat » auquel se bornerait canoniquement la tâche que j'avais à remplir.

Daignez, Monseigneur, je Vous prie, agréer l'hommage du profond respect avec lequel je suis

de Votre Grandeur
le très humble et très obéissant serviteur,

A. VICTOR COUGNY,
Professeur au G.-Séminaire.

Moulins, le 22 septembre 1887.

VIII

Moulins, le 29 septembre 1887.

En la fête de la Dédicace de St Michel archange.

C'est toujours avec une vive satisfaction que nous voyons un prêtre employer à l'étude les moments de liberté que lui laisse le fidèle accomplissement des devoirs de son ministère et cette satisfaction redouble lorsque l'importance de la paroisse impose un surcroit d'occupations et de fatigues à l'activité d'un zèle persérant.

Aussi félicitons - nous de tout cœur Monsieur Durot, curé de Gannat, de la preuve qu'il nous donne de son assiduité au travail. L'éloge ci-joint de son livre nous inspire la confiance qu'en élucidant des questions historiques jusqu'ici aszez obscures, ses longues et patientes recher- ches ont désormais mis à l'abri de toute critique le choix de la Patronne dont la ville de Gannat s'honore depuis des siècles.

Puissent les touchants tableaux qu'il trace de la vie et de la mort de cette sainte raviver son culte, lui amener de nombreux clients et par son intercession obtenir à beaucoup d'âmes la fidélité ou le retour à une vie vraiment chrétienne! C'est là la meilleure récompense que nous sachions souhaiter à la pieuse dévotion envers elle de son historien et nous accompagnons ce vœu de notre bénédiction paternelle.

† PIERRE, EVÊQUE DE MOULINS.

x

DÉCLARATION

DE L'AUTEUR

En exécution du décret d'Urbain VIII, l'auteur déclare soumettre cet ouvrage, avec la doctrine et les faits qu'il contient, au jugement de l'Eglise romaine et accepter en tout ses décisions.

CHAPITRE 1ᵉʳ

DES AUTEURS QUI ONT PARLÉ DE SAINTE PROCULE.

I. — L'auteur le plus ancien qui ait écrit la vie de sainte Procule est Jean Arfeuilles, docteur de Sorbonne, natif de la ville de Gannat.

Le R. P. Constantin, capucin de la même ville, dit dans son manuscrit (p. 210), qu'il l'écrivit plus de 200 ans avant lui.

Or, comme le manuscrit de ce religieux est de 1714, on pouvait conclure que l'ouvrage de Jean Arfeuilles avait paru vers la fin du xvᵐᵉ siècle.

Mais nous eûmes la bonne fortune de découvrir la date précise. Elle est indiquée dans le manuscrit possédé par la famille

Tavernier, de Gannat. Au chapitre 8ᵐᵉ (p. 158) il est dit expressément que c'est l'an 1450, c'est-à-dire au milieu du xvᵐᵉ siècle, que l'écrit du docteur de Sorbonne vit le jour.

De prime abord on serait tenté de regretter la disparition de cet ouvrage. Il semble que la tradition y eût été plus pure à une époque si rapprochée de la vie et de la mort de notre Sainte. « Eh ! qui sait, pourrait-on se dire, s'il ne contenait pas quelques documents, quelques témoignages authentiques, propres à jeter du jour sur bien des points demeurés obscurs ? »

Mais que le lecteur tempère ses regrets ! Il est certain que cet écrit a été entre les mains du P. Constantin, car à la page 210 il invoque le témoignage du vieil auteur pour plusieurs guérisons obtenues personnellement de sainte Procule et il dit : « Il (Jean Arfeuilles) ajoute que de son temps deux muets avaient *recouverts* l'usage de la parole par les intercessions de la même sainte et que l'acte public en fut fait le même jour. » Pour savoir que Jean Arfeuilles ajoutait cela, il fallait qu'il eût le texte sous les yeux.

II. — Le second auteur par ordre de date est Jacques Branche, religieux augustin qui en 1652 a fait paraître *les Vies des Saints et Saintes d'Auvergne et du Velay*. C'est le R. P. de Gaches, de la Cie de Jésus, qui lui a envoyé du collége de Mauriac la vie qu'il publie sur sainte Procule.

III. — Le troisième auteur est Chastelain, en latin *Castellanus*. Chastelain Claude, chanoine de Paris, mort en 1712, à l'âge de 73 ans, est auteur d'un martyrologe universel (Paris 1709 in-4°) avec des additions et des notes (1).

Or ce martyrologe mentionne la fête de sainte Procule au 13 octobre : *Propè Gannacum in Alverniâ sancta Procula martyrium pro tuendâ virginitate perpessa,* près de Gannat, en Auvergne, sainte Procule souffrit le martyre pour défendre sa virginité.

(1) Biographie universelle de Michaud.

IV. — Gilbert Rabusson, capucin du couvent de Gannat, connu en religion sous le nom de Père Constantin, a laissé un manuscrit le quel commence par une dédicace à Messieurs les Communalistes (1) de l'église de Ste-Croix de Gannat.

L'exemplaire qui est à la bibliothèque publique de Rodez porte à la fin de l'épitre dédicatoire la signature : *F. N. capucin, le R. P. Constantin de Gannac.*

Les exemplaires de Gannat portent : *F. N. capucin.* Ici c'est l'humilité du religieux qui se cache sous l'anonyme au profit de sa communauté.

Mais plus tard l'obéissance ou l'intérêt de la vérité ont dû l'en faire sortir. C'est ainsi qu'après avoir raconté, à la page 190, comment, muni de la permission de Mgr l'Evêque de Clermont, François Bochard de Sarron, il se fit ouvrir le 28 octobre 1714 la châsse où étaient renfermées les

---

(1) On appelait ainsi une société de prêtres séculiers, formant un chapitre et chargés des offices religieux de la paroisse.

reliques de sainte Procule, dans la pensée qu'il pourrait y trouver quelques mémoires du temps, il dit : « On ne doit donc plus ouvrir la *ditte Châsse* pour y chercher des titres et des *enseignements*, puisqu'il n'y en a *aucuns.* » *Je certifie comme témoin oculaire, F. Constantin de Gannat, capucin.*

Le voilà pris en flagrant délit de sincérité. C'est lui qui fait des recherches parce qu'il en a besoin pour composer sa vie de sainte Procule ; c'est lui qui est l'auteur du manuscrit ; la signature de celui de Rodez est bien la vraie : R. P. Constantin de Gannác.

Ce manuscrit a sept exemplaires connus : 1° Celui que j'appellerai l'original est aux archives de la fabrique de Gannat. C'est un cahier contenant seulement le genre de vie, la mort et les obsèques de sainte Procule. Il est écrit sur un papier fort, gris-vert, d'une écriture droite, serrée et très lisible. Il y a lieu de penser que c'est l'écriture même de l'auteur. En effet elle est tout à fait semblable à celle du manuscrit de Rodez et il est dit dans l'avant-propos de celui-ci *j'avertis mon lecteur que je métray à la fin de ce manuscrit la table des chapitres contenus dans cet ouvrage, quoique dans* l'original *dont j'en ai transcrit la coppie* il *soit au commencement.*

Le manuscrit de Rodez n'est donc qu'une copie. L'original est à Gannat. Malheureusement plusieurs feuillets manquent. C'est ainsi qu'il commence par le chapitre 6ᵉ, n'a pas le 7ᵉ, puis reprend au chapitre 8ᵉ sans interruption jusqu'à l'épitaphe qui termine le chapitre 18ᵉ.

2° 3° 4° 5° Rodez a quatre exemplaires les quels tous les quatre appellent la patronne de *Gannac* (Gannat) *Procule et Prisce.*

L'un est à la bibliothèque publique de la ville. Il a été remis à la fin de mars 1843 par M. Muzars, vicaire général.

C'est un manuscrit grand in-8' de 181 pages. Le papier et l'écriture ressemblent au papier et à l'écriture du cahier de Gannat. Il est signé du R. P. Constantin. Un autre exemplaire est au couvent Notre-Dame, à Rodez. Les deux autres sont à la bibliothèque de l'Evêché. Ils ont été copiés sur le premier en 1795, ainsi que l'auteur, qui ne se nomme pas (1), l'explique dans deux avant-propos, l'un placé au commencement, l'autre à la fin, ce qui est quelque peu hors de propos.

Le copiste convient qu'il eut grande peine à lire le manuscrit de la vie de sainte Procule qu'on vint lui présenter, *tant, dit-il, l'écriture me paraissait allemande ou gothique. Mais s'étant adressé alors au St-Esprit, le vrai père des lumières, et ayant invoqué la sainte afin que par son intercession il pût réussir à en transcrire un exemplaire en entier, s'étant uni conséquemment avec*

---

(1) Une note écrite de la main même de Mgr Croizier, Evêque de Rodez, et munie de son sceau, nous le fait connaître. Elle est ainsi conçue : « Ce manuscrit, de la main de M. l'Abbé Roux, sacristain de la cathédrale de Rodez, a été copié de très-anciens manuscrits conservés dans les archives de l'église de St-Amans de la même ville. »

Rodez, le 14 mai 1853.

Place du sceau.   Jean, Evêque de Rodez.

le R. P. Constance (Constantin), capucin habitant de la ville de Gannac (Gannat), auteur de cette belle vie, il remplit si bien les vides qu'il paraît que c'est le même auteur qui a composé cette vie et ce second ouvrage.

Eh ! oui, vénérable auteur, votre œuvre est tout simplement la copie fidèle du manuscrit du R. P. Constantin auquel vous avez ajouté deux avant-propos.

Il ajoute que ce qui l'a déterminé à faire ce travail, c'est que le portrait de sainte Procule décapitée par Géraud avait été placé dans le chœur de l'église cathédrale de Rodez, près du sanctuaire.

J'ai dit que le manuscrit de la bibliothèque de l'Evêché était une copie fidèle du manuscrit du R. P. Constantin. Il a cependant une mention, laquelle manque dans tous les autres et serait d'une importance capitale si elle était appuyée sur quelque preuve. C'est une date assignée à la naissance de sainte Procule.

« Notre sainte, dit-il p. 5, prit naissance

dans la ville de Rodez sous l'épiscopat de St Dalmas, cinquième prélat de la capitale du Rouergue » qui décéda le 13 novembre 581.

Les autres manuscrits parlent bien de St Amans, le plus ancien des évêques de Rodez, de St Quintin ou Quintian dont Grégoire de Tours a écrit la vie, de St Dalmas qui lui succéda, mais il n'y est aucunement mention de la naissance de sainte Procule, sous l'épiscopat de ce dernier.

A l'occasion de l'origine de notre sainte patronne, nous aurons à examiner l'assertion du copiste de Rodez et la valeur de la date assignée par lui.

6° Le sixième exemplaire est à Gannat. Nous lui donnons ce rang bien qu'il ait été écrit en 1714 et copié en 1722, tandis que le second de Rodez ne l'a été qu'en 1795, parce que nous avons déjà retenu l'honneur de posséder une partie de l'original.

C'est un manuscrit grand in-8° de 256 pages. Le papier en est fort et jauni par le temps, l'écriture est ronde, soignée avec des en-têtes de chapitres en gros caractères. Il a été copié par la main habile et patiente de François Marcellin ; car au bas de la dernière page (256) on lit : *Escript par moy François Marcellin en septembre 1722.*

Après l'avoir confronté, nos vicaires et nous, avec celui de Rodez, nous l'avons trouvé conforme, à part des différences insignifiantes, si ce n'est que le nom de *Prisce* est donné à sainte Procule.

7° Le septième exemplaire est aussi à Gannat. Il est la propriété de la famille Tavernier. C'est lui qui indique la date de 1450 pour l'écrit de Jean Arfeuilles et celle de 1273 pour la fondation faite par Pierre Cellier d'une émine de froment en faveur de la chapelle de sainte Procule.

V. — Viennent ensuite les Bollandistes (1). Au 13 octobre (supplément de la

(1) Cette vaste et savante publication doit son nom au P. Jean Bolland (Bollandus), jésuite d'Anvers, qui, en 1643, fit paraître les premiers volumes contenant les vies des Saints de Janvier et en 1668, celles de Février. Après lui les PP. J. Henschem et Daniel Papebroch, continuèrent l'œuvre et la poursuivirent jusqu'au mois de Juin.

table *ex vitis sanctorum Alverniœ*) ils citent la mention faite de sainte Procule par Chastelain : *propè Gannacum in Alverniâ Sta Procula martyrium pro tuendâ virginitate perpessa.* Ils ajoutent : *ita hodié in martyrologio suo universali Castellanus.*

« Mais, continuent-ils, comme le nom de cette sainte ne nous est pas connu d'autre part, bien que l'autorité de Chastelain ne soit pas à dédaigner, nous n'osons pas le mettre dans notre ouvrage. »

Les savants auteurs eussent pensé et agi autrement s'ils avaient connu les autorités citées plus haut. De fait, dans un autre supplément, ils citent la vie de sainte Procule par Jacques Branche et déclarent l'accepter tout en faisant des réserves relativement au port de sa tête, circonstance qu'ils désireraient voir appuyée par quelques documents autres que la tradition.

VI. — M. l'abbé Servières, actuellement curé de Vicomtal (Aveyron), dans son livre *les saints du Rouergue*, a consacré à sainte Procule quelques pages tirées, pour la plupart, du manuscrit de Rodez.

VII. — Il en est de même de M. l'abbé Cornil, ancien curé de Gannat. Dans sa petite brochure intitulée *Vie de sainte Procule*, il ne fait que rappeler la tradition dont les souvenirs se trouvent consignés dans le manuscrit plus considérable et plus riche en documents du capucin de Gannat.

VIII. — Enfin les *Petits Bollandistes* reconnaissent avoir puisé à ces deux dernières sources ce qu'ils rapportent de notre sainte patronne dont ils mettent la fête au 9 juillet, jour où elle se célèbre à Gannat et dans tout le diocèse de Moulins, par ordonnance de Mgr de Pons en 1846, en souvenir d'une des translations de ses reliques.

Telles sont les sources auxquelles nous puiserons nous-même, conjointement avec la tradition du pays, ce que nous dirons dans cet ouvrage que nous offrons avec confiance à nos chers paroissiens.

CHAPITRE II.

LÉGENDE DE SAINTE PROCULE. — SES NOMS. — SON ORIGINE.

LÉGENDE.

On entend par *légende* la vie du martyr ou du saint dont on fait l'office. Ce nom vient de ce qu'on doit la lire, *legenda,* dans les leçons du bréviaire.

S'il y a des légendes embellies de faits imaginaires et de circonstances romanesques, il en est d'autres qui reposent sur des titres et des monuments originaux et authentiques.

Quelques fois c'est une tradition constante qui tient lieu de titres.

On retranche aujourd'hui des légendes soumises à l'approbation de Rome tout ce qui peut paraître douteux ou suspect. C'est pour ne pas donner prise aux objections de l'incrédulité ou aux hésitations de la foi devenue faible et languissante ; comme si jamais l'Eglise avait obligé à croire tout ce qui est contenu dans les légendes !

Il faut bien cependant reconnaitre que le *surnaturel* est le fond de la vie des saints ; qu'ils ont sur la nature un empire que n'ont pas les autres hommes, et que la puissance, qui leur a été donnée par Dieu, en récompense de leur confiance et de leur dévouement à son service, est propre à exciter à la vertu et à l'imitation de leur sainte vie.

Voici la légende publiée par notre prédécesseur immédiat, l'abbé Cornil, de pieuse et vénérée mémoire. Il l'a tirée, comme il le dit, du *Propre des Saints* de l'église cathédrale de Rodez, et du manuscrit du R. P. Constantin, capucin de Gannat, qui, lui-même, s'est inspiré de l'ouvrage écrit en 1450 par Jean Arfeuilles, docteur de Sorbonne, et comme lui natif de Gannat.

Elle reproduit fidèlement la tradition de notre pays et celle de Rodez.

§ I. — LÉGENDE DE SAINTE PROCULE.

Vers le onzième ou le douzième siècle, naquit à Rodez, capitale du Rouergue, la glorieuse vierge et martyre dont nous allons esquisser la vie.

Fille d'un père et d'une mère aussi distingués par leurs vertus que par leur noblesse, la jeune Procule eut le bonheur de sucer, avec le lait maternel, les inclinations les plus heureuses et les sentiments les plus religieux.

A peine sortie de la première enfance, comme les âmes d'élite, elle sentit sa raison se développer tout à coup, et son âme s'élever au-dessus des choses de la terre.

La beauté de la religion avait déjà captivé son cœur, et Jésus, dont la divine enfance lui était chaque jour proposée pour modèle, devint le digne objet de son étude et de sa prédilection.

Méprisant donc les puériles distractions de son âge et les vaines joies du monde, elle eut le privilège d'enrichir le printemps de sa vie de vertus précoces que l'on rencontre rarement, même dans un âge plus avancé.

Ce fut surtout pour elle un beau jour que celui où, comme Marie, qu'elle appelait son modèle et sa mère, elle entendit une voix intérieure qui la pressait de se donner à Dieu, et de lui faire l'entier hommage de son innocence et de sa pureté. Dès ce moment, elle renonça dans son cœur à toutes les espérances du monde, et se promit à elle-même de n'avoir jamais d'autre époux que Jésus-Christ, d'autres richesses que sa pauvreté, d'autre gloire que ses humiliations.

Cependant, le père et la mère de Procule voyaient avec bonheur grandir en âge et en sagesse l'enfant de bénédiction que Dieu leur avait donnée. « Bientôt, se disaient-» ils, vont se réaliser les espérances qu'à » si juste titre nous avons fondées sur cette

» unique enfant, héritière si digne des
» vertus et des nobles traditions de nos
» aïeux. »

En effet, déjà un illustre et jeune chevalier, du nom de Géraud, comte d'une province voisine, s'était présenté au comte de Rodez, père de Procule, pour en obtenir la main de sa fille. Rien ne paraissait plus convenable. C'était cimenter, par ce mariage, une alliance indissoluble entre deux familles, également honorables et opulentes.

Présumant du consentement de leur jeune fille, le comte et la comtesse de Rodez avaient gracieusement accueilli la demande du chevalier Géraud.

Tout se préparait pour cette solennelle union, lorsque au jour fixé pour la célébration des noces, Procule, qui jusque-là n'avait paru que faiblement résister à la volonté paternelle, s'arme d'un héroïque courage au souvenir du vœu qu'elle a fait dans son cœur, de n'avoir jamais d'autre époux que Jésus-Christ. Mais que faire ? Si

jeune et si timide, comment résister aux
prières, aux larmes et au désespoir d'un
père et d'une mère, si tendrement aimés ?
Comment en un seul instant briser toutes
les espérances de leur vie ? Il n'y a que la
fuite qui puisse mettre fin à un si terrible
combat. Mais où fuir ?

Agitée par ces pensées diverses, Procule
se jette aux pieds de celui qui dispense à
son gré le conseil et la force. Après une
courte, mais fervente prière, sa résolution
est prise...

Au lieu d'aller à l'autel, où l'attendaient
son futur époux et toute sa famille, elle
dépouille ses habits somptueux, et, dégui-
sée en fille de village, elle quitte la maison
paternelle et s'enfuit à travers les montagnes et les rochers. La crainte d'être surprise dans sa fuite double sa force et sa
vitesse. Sans autre guide que l'ange gar-
dien qui l'accompagne, elle traverse rapide-
ment la province de Rouergue, elle
s'arrête à peine en Auvergne, et arrive,
sans le savoir, en Bourbonnais, au lieu

précis où Dieu lui réservait, avec la cou-
ronne du martyre, les hommages des générations les plus reculées.

Pendant que Procule fuyait ainsi, pour
ne plus le revoir, le palais du comte, son
père, les apprêts des noces se poursuivaient
toujours. Déjà l'heure était venue où, sous
sa riche et brillante parure, devait paraître
la jeune fiancée, qu'attendaient avec impa-
tience tous les regards et tous les cœurs.
Mais, ô surprise ! Etonné des longs retards
de Procule, on court à ses appartements :
vainement on l'appelle, on la cherche ;
seuls, ses riches vêtements sont restés là
pour témoigner de son déguisement et de
sa fuite. Dès ce moment, tout est confusion,
douleur et désespoir dans le palais du
comte de Rodez.

Cependant, Géraud obtient la permission
de se mettre à la poursuite de la fugitive.
Le temps et la distance ne seront rien pour
lui, pourvu qu'il retrouve celle qui semble
avoir emporté avec elle tout le bonheur de
sa vie. Il part plein de courage et d'espé-

rance. Après de longues et infructueuses recherches dans les provinces d'alentour, il arrive bien loin, dans un lieu solitaire dépendant du territoire de Gannat, en Bourbonnais. Oh ! que les desseins de Dieu sont grands et impénétrables ! C'est là précisément que sa main divine a conduit la jeune Procule. C'est là, sur les bords d'un ruisseau, au milieu des montagnes et des rochers, que, depuis quelque temps, elle étonne la solitude par son austérité et ses autres vertus. On dirait que Géraud la devine en ces lieux : il s'y arrête ; il interroge du regard et ce désert, et ces ravins profonds ; le moindre bruit qu'il entend lui paraît être un indice de la présence de celle qu'il cherche. Enfin, des pâtres indiscrets qui se trouvent sur son passage et qu'il s'empresse d'interroger, lui révèlent que depuis peu une jeune étrangère est venue habiter cette terre déserte ; ils lui montrent l'endroit où elle reste en prières durant le jour, et le rocher sous lequel elle s'abrite pendant la nuit. « C'est elle, » se dit Géraud... C'était elle, en effet ; et bientôt Procule et son fiancé se trouvent en présence. Alors pour Procule commence une série nouvelle de luttes et de combats.

Voulant à tout prix vaincre sa résistance, Géraud commence par faire à son cœur filial un énergique appel... « Elle laisse un » père et une mère dans le plus profond » désespoir ; qui sera la consolation de » leur vieillesse ? qui fermera leurs paupières mourantes ? Est-ce en les quittant » pour jamais, que l'on se montre reconnaissant envers ceux qui nous ont donné » avec le jour les soins les plus assidus et » les plus affectueux ? N'est-ce donc rien » encore que la démarche de celui qui, » pour lui prouver son estime et son » amour, est venu de si loin la chercher » dans sa solitude, et a *promis* de la ramener au toit paternel. »

Le cœur de Procule comprenait tout ce qu'il y avait de spécieux dans un pareil langage ; mais elle se rappelait aussi que nous avons un autre père dans les cieux, et que *celui qui, pour lui plaire, quitte son père et sa mère de la terre, recevra le centuple en ce monde et la vie éternelle en l'autre.* Aussi aux paroles de Géraud oppose-t-elle ses engagements sacrés et son invariable résolution de rester l'épouse fidèle et vierge de Jésus-Christ.

Vaincu par l'inaltérable fermeté de Procule, Géraud sent son cœur bondir de désespoir et de rage. Ce que l'on n'accorde pas à sa douceur, il jure de l'obtenir par la violence. D'ailleurs, n'a-t-il pas pour lui l'autorité de la force jointe à l'autorité paternelle que le comte de Rodez lui a donnée sur sa fille ingrate et fugitive? Semblable donc au vautour qui se jette sur sa proie, Géraud, l'œil en feu et la voix frémissante, s'élance sur Procule... En présence du glaive qui brille menaçant sur sa tête, et de l'énorme rocher qui s'oppose à sa fuite, que va devenir la vierge infortunée? Mais la foi, qui *transporte les montagnes,* saura amollir les rochers sous les efforts de ses pieds et de ses mains. En effet, devant elle s'incline, pour ainsi dire, le rocher qui lui semblait une infranchissable barrière ; sous ses pas les pierres fléchissent et lui servent de degrés pour atteindre la crête de la montagne et la dérober aux brutales violences de son persécuteur.

Mais l'heure du sacrifice n'était que différée. Dieu voulait sans doute que la cité qui devait à l'avenir être protégée par la Vierge-martyre, fût arrosée de plus près de son sang virginal.

Vainement, donc, Procule précipite sa fuite vers la ville de Gannat où elle espère trouver secours et protection. Elle n'en est plus éloignée que de cent pas ; mais déjà le redoutable Géraud l'a atteinte. Une dernière fois, il essaie de fléchir son cœur et de vaincre sa constance ; mais tout est inutile. Alors, transporté de colère, le terrible Géraud saisit son épée et s'écrie : « Vous » êtes, je le vois, indigne de la vie, comme » de l'honneur de mon amitié ; vous n'avez » pas voulu de moi pour époux, eh bien ! » vous m'aurez pour bourreau. » A ces mots, Procule n'a que le temps de se jeter à genoux et de recommander, une dernière fois, son âme à Dieu. Soudain, semblable à l'éclair qui lance la foudre, le glaive de Géraud brille au-dessus de son innocente victime, et d'un seul coup lui tranche la tête... Ah ! c'est bien maintenant que le palais du comte de Rodez peut retentir d'inconsolables gémissements : « *Oui ;* » *pleurez, infortunés parents, votre fille* » *n'est plus... celui qui devait vous la ra-* » *mener saine et sauve, n'a plus à vous* » *offrir que les trophées de sa barbarie,* » *c'est-à-dire des lambeaux pleins de sang* » *et une épée homicide.* »

Mais la mort des saints est précieuse devant Dieu. Pour révéler de suite à toute la contrée la gloire et la sainteté de son humble mais héroïque servante, le Seigneur réunit le miracle au martyre. A peine sa tête est-elle séparée du tronc, que Procule, en qui, par la permission divine, étaient restés le mouvement et la vie, la prit entre ses mains et marcha d'un pas

ferme et assuré jusqu'à la ville de Gannat.
A la vue de ce prodige, Géraud, consterné,
sent le feu de sa colère s'éteindre dans son
âme. « Malheureux ! qu'ai-je fait, s'écrie-
» t-il ! O mon Dieu, j'ai versé le sang in-
» nocent ! oui, je reconnais et déplore ma
» faute. » Repentant et confus, il reprit le
chemin de sa patrie, et alla plus tard se
renfermer dans un monastère, où pendant
sa vie tout entière, il se livra aux exercices
de la plus rigoureuse pénitence.

Cependant, Procule qui avait traversé la
ville, portant toujours sa tête entre ses
mains, avait recueilli sur son passage l'insulte et la dérision de quelques impies,
ignorants et grossiers. Mais *comme l'on ne
se moque pas de Dieu et de sa religion im-
punément, et que c'est toucher à son œil
que d'insulter à ses saints*, ceux qui avaient
insulté à la vierge-martyre ne tardèrent
pas à recevoir les châtiments dus à leur
impiété.

Du reste, sans s'émouvoir des méchantes
paroles qui lui étaient adressées, la sainte

avait poursuivi sa marche et était arrivée à l'église de Sainte-Croix, au moment où un prêtre nommé Paul y célébrait la Sainte-Messe. Là, après avoir uni son dernier sacrifice à l'auguste sacrifice de Jésus, son divin époux, elle reçoit la bénédiction du prêtre qui termine les saints mystères et se jette à ses pieds, comme pour lui demander les honneurs de la sépulture. Alors, ses mains défaillantes laissent échapper sa tête, son corps s'affaisse sur lui-même, et devant le prêtre Paul il ne reste plus que la dépouille mortelle de cette âme angélique qui vient de s'envoler au ciel.

Les honneurs de la sépulture furent rendus à la glorieuse Vierge, avec la plus grande solennité et au milieu d'un concours nombreux de prêtres et de fidèles. Son corps fut ensuite déposé avec un religieux respect dans un des caveaux de l'église de Sainte-Croix, et y devint bientôt l'objet de la vénération de toutes les contrées voisines.

§ II. — SES NOMS.

On voit par cette légende que la patronne de Gannat est une jeune vierge martyre, d'une noble famille et venue de loin.

Ceci explique les divers noms qui lui sont donnés et desquels aucun n'est son nom propre.

Poille, ainsi la nomme Jean Arfeuilles, et un mémoire imprimé à l'occasion d'un procès entre la famille Loisel et le sieur Ribaud de Pressoles, porte ces mots : *roc de Sainte-Poilhe, proche le moulin du pré* (p. 19), (1). Le R. P. Constantin dit que de son temps (1714) le vulgaire l'appelait ainsi.

Qui ne voit là une altération ou si l'on veut une traduction populaire du mot latin *puella,* ou, en prononçant à l'italienne, *pouella,* mot qui signifie jeune fille.

____

(1) Ce mémoire est en la possession de la famille Godemel, de **Gannat.**

Prisce est le nom que lui donnent les manuscrits de Rodez ; et M. l'abbé Servières, qui les suit, l'appelle *Prisca*. C'est sans doute pour marquer l'ancienneté de sa famille et la noblesse de sa race, car l'adjectif latin *priscus, a, um,* signifie ancien, de noble maison.

On l'appelle plus ordinairement *Procule,* du mot latin *Procul,* qui veut dire de loin, pour rappeler, selon le P. Constantin, que c'était une étrangère qui venait de loin. Il y avait loin, en effet, de Rodez, sa patrie d'origine, à Gannat, sa patrie d'adoption.

Ces divers noms donnés à la patronne de Gannat sont une preuve qu'elle avait soigneusement caché le sien, soit par humilité, soit par prudence, puisqu'elle avait fui la maison paternelle et voulait se soustraire aux recherches.

Au reste, elle n'est pas seule parmi nos saints dont le nom véritable soit inconnu, et qui en ait reçu un exprimant plutôt une qualification qu'un nom propre. Nos Victor, nos Félix, nos Adanctus, nos Fidèle, sont dans le même cas (1) ; ils sont qualifiés plutôt que nommés. *Vainqueurs* dans la lutte contre les tourments des persécuteurs, *heureux* du bonheur que procure le martyre, *ajoutés* à un ou plusieurs compagnons (2), *fidèles* à Dieu et à son service, ils portent des noms de circonstances et d'occasions qui ne les rendent pas moins illustres que n'aurait pu faire celui de leur famille, si illustre fût-il.

§ III. — SON ORIGINE.

Quoiqu'il en soit de son nom, c'est une tradition générale et constante que la patronne de Gannat était la fille unique d'un comte de Rodez ; tous les manuscrits sont d'accord sur ce point.

S'il en est ainsi, elle ne serait donc pas née sous l'épiscopat de saint Dalmas, évê-

(1) En latin, Victor veut dire vainqueur, Félix veut dire heureux, Adanctus veut dire ajouté.

(2) Légende de saint Félix (30 août).

que de Rodez, au vi^e siècle, comme le prétendent, sans en fournir la moindre preuve, l'historien Bosc et les mémoires de la *Société des lettres de l'Aveyron*, attendu que les comtes de Rodez n'ont commencé d'exister qu'au xiie siècle.

D'autre part, il est dit que la jeune martyre porta sa tête jusqu'à l'église Sainte-Croix, où elle fut enterrée ; or cette église de Gannat ne remonte pas, même pour ses parties les plus anciennes, au-delà du xie siècle.

Messieurs Cornil et Servières semblent être plus dans le vrai lorsqu'ils assignent à sa naissance le xie ou le xiie siècle.

Mais si les documents concernant sa naissance et son nom de famille font défaut, il n'en est pas de même de ceux qui établissent l'ancienneté et l'authenticité de son culte. Les chapitres suivants fourniront les témoignages de la vénération que les habitants de Gannat et de Rodez ont eue pour elle.

Nous verrons que plusieurs chapelles

ont été bâties en son honneur et enrichies d'indulgences, que de nombreux miracles ont été opérés par son intercession, que des confréries ont été établies sous son nom, que de magnifiques processions ont fait cortège à ses reliques, et des procès-verbaux en règle feront l'histoire de leurs diverses translations.

CHAPITRE III.

L'ÉGLISE SAINTE-CROIX. — SON TRÉSOR. — LES COMMUNALISTES. — LES CURÉS DE SAINTE-CROIX.

---

§ I. — L'ÉGLISE SAINTE-CROIX.

Nous avons vu que sainte Procule avait fait, en portant sa tête sanglante, le chemin du lieu de son martyre (1) à l'église Sainte-Croix.

C'était l'église paroissiale qui avait pour *titre* la Sainte-Croix.

Cependant le nom de *Saint-Saturnin*

---

(1) Le lieu de son martyre était à cent pas de la ville, c'est-à-dire des Fossés, près de l'ancien couvent des Augustins, aujourd'hui de l'Immaculée-Conception (manuscrit de la Fabrique, p. 178 et 202).

Hæc arbor Similes parit una Corollas
D D
SATVRNINO
ET
PROCVLÆ
Cl. Audran fecit
Heliog & Imp Lemercier & Cie

figure dans deux actes de prise de possession de la cure.

Dans celui du 28 février 1762, il est dit
que Jacques Lelieure de Laurière ou *Lelieur
Delorière,* bachelier et licencié en droit
canonique et civil, fut installé par M⁰ˢ François Bertrand, prêtre communaliste et
chantre de la dite paroisse de *Saint-
Saturnin* de cette *ditte* ville de Gannat.

Dans celui du 26 février 1772, il est dit
que Julien Bayard, bachelier in utroque
jure de l'Université de Valence, prit possession de la cure de Sainte-Croix sous le
nom de *Saint-Saturnin,* et qu'il fut installé par Messire Jean Ribaud de Pressoles,
prêtre chantre communaliste de Sainte-
Croix.

On peut conclure de là que si Sainte-
Croix était le *titre* de l'église, Saint-Saturnin en était le *co-titulaire* (1). Au reste, le

---

(1) Par *titulaire* ou *titre* d'une église on entend le mystère,
le saint ou la sainte qui est la dénomination d'une église.

Le *patron* est le protecteur du lieu ou de la paroisse.

R. P. Constantin le dit formellement (p. 91, n° 7), (1).

Aussi bien avait-il sa chapelle particulière et son reliquaire particulier comme le constate l'inventaire du 20 novembre 1778, dont l'original est dans les archives de la mairie de Gannat.

Sainte Procule est la patronne de la ville.

L'église Sainte-Croix était primitivement une église complètement romane du XI° siècle. Ses parties les plus anciennes (le chevet, l'entrée de la sacristie, les chapiteaux des basses nefs) sont de cette époque. Dans la suite des temps elle a été modifiée et aujourd'hui on y trouve tous les styles d'architecture depuis le roman jusqu'au gothique des XIII°, XV° et XVI° siècle.

---

(1) Cet exposé est confirmé par la précieuse gravure placée au commencement de ce chapitre et que nous devons à la bienveillance de la famille Tavernier.

Elle est de Claude Audran, professeur à l'école de gravure de Lyon, qui vivait au commencement du XVII° siècle et eut, en 1640, un fils, Girard Audran, encore plus célèbre que lui.

Outre le caractère archéologique qui indique la date de telle ou telle partie, il existe des pièces qui la précisent. C'est ainsi que les gros piliers de l'entrée, dont le style est du XIII⁰ siècle, sont datés par un testament de 1296. Pétronille, veuve de Pierre Ribent et femme de Hugues Lefèvre, lègue 5 sols à l'œuvre (construction) de l'église Sainte-Croix. C'est ainsi que la chapelle du Sacré-Cœur (anciennement de Saint-Pierre et dite de la Faulconnière), qui est du XVI⁰ siècle, est datée par un testament du 13 avril 1559. Damoiselle Anne Prunier, veuve de Gilbert Filhol, seigneur de la Faulconnière et d'Aversy, demande à être enterrée dans cette chapelle bâtie par son mari. C'est ainsi que la chapelle Saint-Jean, qui est du commencement du XVI⁰ siècle est datée par la permission donnée le 2 mars 1504 par le vicaire-général de Clermont, Antoine de Langeac. Il permet de reconstruire la vieille *chapelle de Saint-Jean qui menaçait ruine.*

Le chœur est moderne ainsi que la tour

du clocher, la quelle mesure 26 mètres de haut.

La superficie de l'église est de 800 mètres environ en y comprenant les dix chapelles.

Si les modifications apportées au plan primitif ont détruit son unité architecturale, elle l'ont laissée gracieuse et commode. Sa bonne tenue est surtout remarquable (1).

§ II. — SON TRÉSOR

L'église Sainte-Croix possédait autrefois un riche trésor, comme le constatent les inventaires qui se succèdent jusqu'à la veille de 93.

Voici la copie de celui du 20 novembre 1778, dont l'original est dans les archives de la mairie de Gannat, et lequel est à peu près la reproduction de celui de 1714, donné par le R. P. Constantin (p. 90) :

(1) Il faut l'attribuer aux religieuses et aux personnes dévouées qui en prennent un soin aussi pieux que désintéressé.

1° Reliques du bois de la vraie croix avec tous les authentiques en règle.

2° Reliquaire en forme de tour, de cuivre doré, sous verre, dans lequel il y a une rose de Jéricho *qui ne doit pas être exposée.*

3° Un reliquaire de cuivre en forme de triangle dans lequel nous avons trouvé quelques parcelles d'ossements avec cette inscription : *de ossibus sancti Saturnini martiris.*

4° Un reliquaire en forme de châsse sur un pied, dans lequel nous avons trouvé une parcelle d'ossements avec cette inscription : *de ossibus Beati Necterii* avec un petit mémoire en vélin *que nous n'avons pu lire.*

5° Un reliquaire en forme de cylindre monté sur un pied de cuivre, dans lequel nous avons trouvé huit paquets, un sans inscription, sept avec ces inscriptions : *de ossibus sancti Sebastiani, de ossibus sancti Bartholomey, de ossibus sancti Blasii, de ossibus Antonii, de ossibus sancti Georgii,* un petit paquet *dont nous n'avons pu lire l'inscription* de Ste Marguerite.

6° Un reliquaire en forme de cloche suspendue, de cristal, monté sur du cuivre que *nous n'avons pu ouvrir*, dans lequel il y a un paquet enveloppé d'une étoffe en clinquant fin, d'argent.

7° Un reliquaire en forme triangulaire, couvert de lames d'argent avec quelques figures et quelques caractères que *nous n'avons pu lire*.

8° Un petit reliquaire en forme de châsse, dans lequel nous avons trouvé deux ossements assez considérables enveloppés dans une étoffe de *soye* rouge avec cette inscription : *Sanctorum Crispini et Crispiniani*.

9° Un reliquaire en forme de bras, très propre, couvert d'une plaque d'argent avec des ornements dorés et plusieurs pierres de plusieurs couleurs avec cette inscription : *os integrum brachii sancti Bartholomœi* et autres que nous n'avons pu lire.

10° Un autre reliquaire couvert d'une

lame de cuivre, *fort mal propre,* sans inscription.

11° La statue de sainte Procule, en argent ; l'*auteur* (la hauteur) de la statue, deux pieds et demi, montée sur un pied de cuivre en partie en vermeil ; et nous avons trouvé dans !a tête de la statue un ossement considérable de la tête enveloppé dans une étoffe de soye rouge. Nous y avons aussi trouvé des inscriptions : une sur papier, une sur vélin. Sur celle qui est en papier, nous y avons lu que toutes les reliques de sainte Procule étaient dans une chasse d'argent. Et dans l'autre, en vélin, le don qui avait été fait par le sieur de la Faulconnière.

12° Un reliquaire en forme de châsse, en bois doré, dans lequel nous avons trouvé un ossement de la cuisse de saint Naamas. Nous avons trouvé dans la châsse le *don* (l'acte) qui en a été fait par Mgr l'évêque de Rodez, le 26 juillet 1673, la quelle relique a été remise par M. de Vayni d'Arbouze, évêque de Clermont, qui a permis qu'on tirât du reliquaire de sainte Procule, en présence de M. le curé, MM. les marguilliers et le *corps de ville,* un ossement considérable de la sainte pour être remis aux députés de *Rhodés,* et la permission en *datte* du 6 septembre 1739, signée Ribère, vicaire général (1), pour transférer la relique de saint Naamas de l'ancien dans le nouveau reliquaire de M" de la communauté de Sainte-Croix, de M" les fabriciens et consuls de la ville.

13° Le reliquaire de sainte Procule en forme de châsse, revêtue de lames d'argent avec des reliefs qui représentent la vie et la mort de sainte Procule, avec des ornements au-dessus, *que nous n'avons pu ouvrir pour la vérifier.*

En comparant cet inventaire avec celui de 1714, tel que le donne le manuscrit de la Fabrique (p. 90), on peut combler les la-

---

(1) Paul de Ribeyre était vicaire général de Massillon, en 1739. Il l'a été jusqu'en 1742, époque à laquelle il fut nommé évêque de Saint-Flour.

cunes de celui de 1778 et suppléer à ce que ceux chargés de le faire n'ont pu lire ; car le R. P. Constantin mentionne formellement : 1° des reliques de saint Jacques et de saint Ives, patron des avocats ; 2° deux dents, *dont l'inscription est effacée,* dans un cristal.

Nous avons dit que le trésor de Sainte-Croix existait encore à la veille de 93, car il y a quelques autres inventaires après 1778, lesquels s'y réfèrent.

Combien n'est-il pas à regretter que tant de souvenirs de la religion et de la générosité de nos pères, et peut-être d'objets d'art soient devenus la proie de l'ouragan révolutionnaire ! Quel malheur que des mains pieuses n'aient pu en soustraire du moins une partie aux flammes de l'impiété, à la rapacité des spoliateurs ou aux exigences du fisc ! Pour quelques pièces de monnaie tombées dans le trésor public, ou quelques familles enrichies de ces dépouilles sacrées, la famille paroissiale et la grande famille française se trouvent privées de ce qui faisait leur gloire au point de vue humain et leur sécurité au point de vue de la Foi.

Aujourd'hui, hélas ! le trésor de Sainte-Croix se réduit à une plaque en bronze, souvenir de la mission de 1768 (1), à un christ en ivoire d'une assez grande dimension, mais surtout d'une expression et d'une exécution admirables ; enfin à un évangéliaire dont l'ivoire serait du viiie siècle, d'après le savant travail de M. G. Callier, et le texte du xe ou xie, suivant l'opinion de plusieurs amateurs qui ont demandé à le voir.

§ III. — LES COMMUNALISTES

Quoiqu'il en soit, l'église Sainte-Croix, de Gannat, a été, pendant des siècles, administrée par une association de prêtres séculiers appelés *communalistes*.

---

(1) Cette plaque a été achetée par nous à M. Dilhan qui se l'était procurée à Vensat.

C'était une espèce de chapitre ou collégiale avec ses dignitaires et le curé qui était communaliste né. Celui-ci était à la nomination de l'abbé d'Issoire, en Auvergne.

Ne faisait pas partie qui voulait de l'estimable compagnie. Pour y être admis il fallait : 1° être *né* et *rené gannatois*, c'est-à-dire avoir reçu le jour à Gannat et avoir été baptisé dans une de ses églises paroissiales, Sainte-Croix ou Saint-Etienne (1) ; il fallait : 2° être accepté par la Compagnie, qui avait le droit de discuter le candidat, fût-il même présenté par la ville comme patronne ; et il paraît, d'après ce qu'en dit le R. P. Constantin dans son épître dédicatoire, qu'on se montrait difficile ; car il loue ces Messieurs d'être *exacts à ne souffrir pas le moindre défaut parmi ceux qui ont l'honneur d'entrer dans leur corps et dans*

(1) Le mot *rené* vient de la parole dite par Notre-Seigneur à Nicodème : *Nisi quis renatus fuit ex àquà et spiritu sancto,* etc.

une compagnie aussi vénérable par son antiquité que recommandable par ses vertus.

Cette sévérité n'empêchait pas le recrutement, s'il est vrai *qu'on y a vu plus de trente prêtres réunis à la fois.* Mais après les grands jours tenus à Clermont, l'an 1665, le nombre en fut fixé à seize, y compris *MM. les curés, un sous-chantre, quatre enfants de chœur et un organiste* (m. p. 90).

Ce grand nombre de prêtres, tous enfants de Gannat, indépendamment de ceux qui pouvaient être aux couvents des Augustins (1) et des Capucins (2), prouve combien la Foi était vive et forte dans ces heureux

(1) Le couvent des Augustins avait été fondé, l'an 1432, par Gilbert Grolhier, de Gannat, licencié, *conseiller et chancelier de Mgr le duc de Bourbon.* Cette fondation avait été approuvée par le pape Eugène IV, l'an 1435.

(2) Le couvent des Capucins, après une délibération de ville qui les appelait, avait été fondé par le R. P. Archange, de Lyon, leur provincial, avec lettres patentes de Louis XIII. La croix fut plantée le 2 février 1620 et le lendemain fut posée la première pierre de l'église.

temps, et combien les familles tenaient à honneur de députer quelqu'un de leurs enfants au bien des âmes et au service des autels.

Peut-être se demandera-t-on comment un si grand nombre d'ecclésiastiques chargés de desservir Sainte-Croix pouvaient se procurer les ressources nécessaires à un honnête entretien ? Il est facile de répondre : 1° la simplicité de ce temps-là était loin du luxe du nôtre ; 2° les choses nécessaires à la vie étaient bien moins coûteuses qu'à présent ; 3° les fondations pieuses fournissaient d'abondantes rémunérations. Pour s'en convaincre, il n'y a qu'à lire la série des testaments des familles de Gannat, depuis 1296 jusqu'en novembre 1773. Il n'y en avait guère qui ne léguât aux *communalistes* (1) quelque

(1) Nous devons à l'obligeance de M. Grassoreille, le savant ex-archiviste du département, la communication de ces testaments sur parchemin ou papier, classés, inventoriés et analysés par lui au prix d'un travail de bénédictin.

somme pour office à célébrer, prières à faire. Dans trois ou quatre se trouve la mention d'*une distribution de pain et de vin ;* dans d'autres, celle d'*une émine de froment* (1) ; 4' enfin les revenus provenant des immeubles affectés au service religieux venaient augmenter ces ressources casuelles.

C'est ainsi que la réunion du prieuré de Saint-Etienne à la communauté de Sainte-Croix, en 1603, lui créa des ressources importantes.

Cette union fut faite par ordonnance de Mgr de Larochefoucaud, évêque de Clermont, sous la date du 21 mars, et le contre-seing : Labourieux, notaire apostolique et commis et secrétaire de l'évêché de Clermont.

Elle fut signifiée le 2 avril à *vénérable et discrette personne Messire Claude Filhol, sieur de Lafaulconnière, prieur de Gan-*

______

(1) A Gannat, l'émine est d'un demi-sac.

nat, le quel a fait réponse qu'il accorde estre au contenu d'ycelle et ne point aucunement différer (1).

Elle fut confirmée par ordonnance royale datée de Fontainebleau le 23 avril 1611.

Par cet acte d'union *tous et un chacun des revenus droits et devoirs appartenant au dit prieuré* étaient transférés *au corps et communauté de l'église Sainte-Croix.*

A quelle époque remonte l'établissement des *communalistes,* préposés à cette église? Nous n'avons pu mettre la main sur aucune pièce qui la fixe exactement. Ce qui est certain, c'est que les *Communalistes* existaient en 1296, puisque dame Pétronille, veuve Ribent et femme de Hugues Lefèvre, lègue à la communauté une émine de froment. Une pièce qui se trouve dans les archives de la mairie et porte la date de 1397, relate la convention faite entre les habitants de Gannat, les consuls et les *com-*

(1) Voir à l'appendice le n° 1.

munalistes pour que *les matines, petites heures, vêpres et complies soient dites à haute voix dans l'église Sainte-Croix* (1), sous la condition que les communalistes choisiraient un prêtre pour administrer l'hôpital et se partageraient ce qui resterait des ressources de la maison de Dieu.

Le 15 avril 1417, sous l'administration de Jean Lhéritier, curé de Sainte-Croix, ont été rédigés, arrêtés et rendus obligatoires par l'official de Clermont les statuts de l'église de Sainte-Croix, concernant la célébration du culte (2). On voit par là que les *communalistes* de Sainte-Croix remontent au XIII° siècle, et ils ont continué jusqu'à la révolution, c'est-à-dire pendant cinq siècles entiers, puisque c'est un communaliste, Messire Jean Ribaud de Pressoles, prêtre *chantre communaliste de*

(1) Voir à l'appendice le n° II.

(2) Une copie en latin, à laquelle plusieurs feuilles manquent, est dans les archives de la Fabrique. Une copie en français complète et authentique est dans les archives de la mairie. Voir à l'appendice le numéro III.

Sainte-Croix, qui, en 1772, le 26 février, installe Julien Bayard, nommé curé de Sainte-Croix. En 1789, ils étaient au nombre de 14, non compris le curé et le vicaire de l'église Sainte-Croix, et furent supprimés en 1791.

Quel beau et imposant spectacle devait présenter notre église, lorsqu'en présence d'un peuple nombreux et recueilli ses communalistes au nombre de 30 et à la fin au nombre de 16, en habit de chœur et portant l'aumusse (1) (p. 90), emplissaient les quatre rangées de stalles et célébraient les offices avec la dignité et la régularité qui faisaient l'admiration du R. P. Constantin ? Il les avait vus de ses yeux dans l'accomplissement de leurs saintes fonctions et il leur rend ce témoignage (épitre dédicatoire) *que les cérémonies de l'Eglise y*

---

(1) L'aumusse est une fourrure que les chanoines et d'autres ecclésiastiques portent, en certains lieux, sur le bras gauche en été. Dans l'origine elle était destinée à couvrir la tête et les épaules en hiver pendant l'office de nuit.

étaient observées avec tant de justesse qu'on ne pouvait voir leur illustre compagnie, qu'on ne se représentât l'image de la hiérarchie céleste, où les Anges font un concert perpétuel à l'honneur de l'Aniau sans tache qui a été immolé pour les péchés du monde.

Leurs successeurs, hélas ! n'ont plus les mèmes moyens et les mêmes ressources. C'est à eux du moins à s'inspirer de ces pieuses traditions et à marcher autant que possible sur leurs glorieuses traces pour l'honneur de Dieu et l'édification des fidèles.

§ 4. — CURÉS DE SAINTE-CROIX

Nous pensons faire plaisir au lecteur en donnant la nomenclature des curés qui ont desservi la paroisse Sainte-Croix. Plusieurs familles de Gannat y retrouveront leur propre nom et puiseront dans ce souvenir honorable le désir de le porter d'une manière digne du passé.

Nos recherches dans les registres des *Insinuations ecclésiastiques* (1), dans les archives départementales de l'Allier, et dans celles de la mairie et du greffe de Gannat ne nous ont fait découvrir aucun nom de curés proprement dits avant 1414.

Comme d'une part le registre des *Insinuations* ne commence que vers 1500, et que d'autre part il est difficile, à cause de l'absence de table, de compulser cette volumineuse collection, le lecteur ne s'étonnera pas trop des lacunes qui pourraient se rencontrer.

1296. Par son testament (parchemin des archives départementales de l'Allier), Pétronille, veuve de Pierre Ribent et femme de Hugues Lefèvre lègue (entre autres libéralités) une émine de froment à la communauté de Sainte-Croix et une *demi-quarte* de froment *au chapelain de Sainte-Croix.*

---

(1) On appelle ainsi une vaste collection manuscrite des actes ecclésiastiques depuis 1500, laquelle se trouve aux archives départementales du Puy-de-Dôme et se compose de plus de cent volumes sans table.

1383. Les consuls de Gannat font au *vicaire directeur de l'église Sainte-Croix* la présentation de Guillaume de Fontaine pour administrer le bien des pauvres (archives départementales). Ce bien était les offrandes et les fondations pieuses faites en faveur des communalistes.

1411. Le 6 mai, les consuls de Gannat acceptent comme administrateur de l'Hôtel-Dieu *Jean Lhéritier* présenté par les communalistes pour cette destination. En effet, peu auparavant (6 octobre 1397), une convention avait été faite entre les habitants de Gannat, les consuls et les communalistes, pour que *matines, les petites heures, vêpres et complies* fussent chantées par les communalistes, et en retour on leur concédait l'administration de l'Hôtel-Dieu par l'un d'eux, après acceptation de celui-ci par les consuls. (Voir à l'appendice n° II).

1414. *Jean Lhéritier.* Sous lui, le 15 avril 1417, ont été rédigés, arrêtés et rendus obligatoire par l'official de Clermont les statuts de l'église Sainte-Croix concernant la célébration du culte. (Voir à l'appendice n° III, statuts nouveaux).

1437. *Pierre Richard,* chanoine et chancelier de Clermont, figure comme curé de Sainte-Croix de Gannat dans une pièce des archives départementales de l'Allier, par laquelle il appert que ledit curé, conjointement avec Jean Vialet et Pierre Martinot, prêtres, approuve des dons faits par des particuliers à l'église Sainte-Croix.

1550. *Pierre de Lespée.* C'est lui dont la signature figure au papier trouvé dans le reliquaire, en 1621, et signé *de Lespée, jadis curé,* ajoute le manuscrit de la Fabrique. A quelle époque correspond ce *jadis?* c'est certainement avant 1559, puisque cette année est celle du testament de damoiselle Anne Prunier, veuve de Gilbert Filhol, seigneur de la Faulconnière et d'Aversy, lequel avait donné le reliquaire en argent où se trouva un fragment du crâne de sainte Procule et l'écrit signé *de Lespée.* Voilà pourquoi nous mettons la date présumée de 1550.

Pierre de Lespée a donné sa démission de curé de Sainte-Croix pour permuter avec Antoine Barnier, curé de l'église *sancti Leodegarii montis Firmini,* Saint-Léger de Montfermy, canton de Pontgibaud, arrondissement de Riom.

Cette permutation eut lieu en 1561, le siège de Clermont était vacant, par l'autorité de *Etienne Mauguin,* prieur de Verghad, chantre et chanoine de la cathédrale de Clermont et vicaire capitulaire, Michel Bayard, abbé d'Issoire, et son vicaire général, Guillaume de Servières, ayant refusé de faire la présentation, comme ils en avaient le droit (Insinuations ecclésiastiques).

1561. *Antoine Barnier,* nommé le 5 juin, prit possession de *la dite* cure, ainsi qu'il appert par acte du 20 juin, passé par devant Jean Mollet, notaire royal (acte en latin, archives de la mairie).

1603. *Etienne Ronchaud.* La date de sa nomination fait défaut ; mais il était curé de Sainte-Croix lorsque, le 21 mars 1603, eut lieu l'union du prieuré de Saint-Etienne à l'église Sainte-Croix, par Mgr François de Larochefoucaud, évêque de Clermont (appendice n° 1).

En 1605, le 10 octobre, eut lieu une transaction entre les habitants de Gannat, les communalistes de Sainte-Croix et le sieur de Langlard, pour les dîmes dues par le corps de ville sur les *clodures* (parchemin de la mairie).

En 1621 eut lieu la seconde translation des reliques de sainte Procule (manuscrit de la Fabrique).

1635. *Michel Conches*. C'est lui qui, par reconnaissance pour sa guérison, de laquelle il se reconnaît redevable à sainte Procule, fit peindre un tableau où il est représenté en surplis et à genoux aux pieds de sa bienfaitrice. Il en sera parlé au chapitre des miracles de sainte Procule.

1644. *Antoine de Combes*. C'est ainsi que l'écrit un procès-verbal de visite de la paroisse Sainte-Croix, en 1667, où il signe lui-même avec les deux visiteurs (archives départementales du Puy-de-Dôme, fonds de l'évêché). C'est ainsi que l'écrit aussi le registre de la confrérie de Sainte-Procule (registre Bonneton), où il figure comme confrère jusqu'en 1679. Le manuscrit de la Fabrique le nomme Antoine Combes. En 1655, il fit bénir une cloche, du nom de *Saturnine*, laquelle d'après les inventaires pèserait 2.400 livres. C'est actuellement la deuxième cloche de la paroisse.

Ce fut sous son administration, en 1673, qu'eut lieu la troisième translation des reliques de sainte Procule (manuscrit de la Fabrique, p. 189).

1680. *Vincent Marcland*. Telle est l'orthographe du registre de la confrérie de Sainte-Procule, tandis que le manuscrit de la Fabrique et la copie d'un procès-verbal d'une guérison écrivent *Marqueland*. Le docteur Imbert, de Clermont, qui compte des Marcland dans sa famille, adopte la première.

C'est Vincent Marcland qui, le 30 août 1705, signe, comme curé de Sainte-Croix, conjointement avec les sieurs Lamotte Depréaux et Alexandre de Brinon, curé de Broût, et Louise le Tailleur de Tonnin de Ceron, le procès-verbal de la guérison de celle-ci par l'intercession de sainte Procule.

1721. *Joseph Soalhat*, bachelier en théologie, de la Faculté de Bourges, prend possession à la mort de Vincent Marcland (archives de la mairie). Il est installé par Antoine Paul, curé de Saint-Etienne.

1750. *Julien Dulin*, bachelier en théologie, pourvu en cour de Rome dans Sainte-Marie-Majeure, le 6 juillet, par suite du décès de messire Soalhat, et par les lettres de visa de Mgr l'évêque de Clermont, du 3 octobre 1750, prend possession le 4 octobre.

En 1756 a eu lieu une transaction entre lui et le curé de Saint-Etienne (archives de la mairie).

1762. *Jacques Lelieur Delorière*, bachelier et licencié en droit canonique et civil, habitait Cusset. Il fut désigné par Julien

Dulin et installé par messire Bertrand, prêtre communaliste et chantre de ladite paroisse de *Saint-Saturnin,* de cette dite ville de Gannat.

1771. *Marc Triozon* fut présenté le 16 juillet par Charles François Deretz de Fressinet, chanoine archidiacre de l'église cathédrale de Clermont et abbé commandataire de l'abbaye de Saint-Austremoine et seigneur d'Issoire à cause de son abbaye. Il prit possession de la cure de Sainte-Croix le 23 juillet 1771.

1772. *Julien Bayard,* bachelier in utroque jure de l'Université de Valence prend possession de la cure de Sainte-Croix, sous le nom de Saint-Saturnin. Il est installé par Messire Jean Ribaud de Pressoles, prêtre, chantre communaliste de Sainte-Croix. Julien Bayard signe le 2 janvier 1787 le relevé des actes de 1786.

1787. *Jean-François Dolivier* signe le 22 février 1787 ; il signe encore comme curé le 17 mars 1791, et, après une interruption de dix ans, il signe pendant les années 1802 et 1803.

C'est pendant cet intervalle de dix ans que figure un prêtre du nom de Rougier qui, le 4 avril 1791, se qualifie de prêtre desservant, et, le 21 avril, de curé. Nous avons eu sous les yeux un certificat de baptême administré par lui dans l'église, le 15 novembre 1793. Il paraît qu'il fut dans la suite envoyé en digràce à Saint-Pons. Les registres de cette paroisse sont en effet signés de lui depuis la fin de 1803 jusqu'en 1836.

Voici les notes données à chacun d'eux par un rapport du 18 thermidor (juillet) an IX de la République (1801), signé Hennequin, sous-préfet de Gannat (1). Le lecteur catholique verra à qui appartient le beau rôle.

Dolivier, « rentré (2), a été anciennement

---

(1) Ce rapport se trouve aux archives départementales de l'Allier.

(2) Il avait été déporté en Allemagne. Cette expression *déporté* se lit dans les notes de l'évêché de Clermont.

curé de Gannat et n'a point fait de soumission. Il est revenu à Gannat, quoiqu'il n'y
ait ni famille, ni propriété. Il a cherché,
depuis son retour, à se faire des partisans
par un extérieur de zèle et de piété. Mais il
paraît avoir rapporté son *intollérance* et
ses idées de *culte exclusif*. Il n'y a aucun
reproche à lui faire sur ses mœurs. »

Rougier, « assermenté, exerce ; a été
élu constitutionnellement curé à Gannat à
la place de Dolivier. Il a repris ses fonctions depuis un an et a fait sa soumission.
Il a été rappelé à Gannat par un grand
nombre d'habitants. Il s'est toujours bien
conduit comme prêtre et comme citoyen. »

1803. *Jacques Farghon*. Il signe comme
curé le 29 octobre 1803. Peu avant lui, eut
lieu, dans l'église Sainte-Croix, la réconci-
liation d'un grand nombre de prêtres asser-
mentés? nous n'avons pu mettre la main
sur aucun document relatant cette cérémo-
nie qui fut présidée par M. de Begon,
vicaire général de Mgr l'évêque de Clermont. On dit que le représentant de l'auto-

rité ecclésiastique fit au milieu de l'émotion et des larmes de l'Assemblée une touchante allocution à ces prêtres qui avaient le surplis sur leur bras.

Ce fut durant l'administration de M. Farghon, le lundi 8 avril 1805, que fut bénite la grosse cloche actuelle de la paroisse. Elle a nom Marie, et, d'après les inventaires, pèserait 3.242 livres. Le parrain a été Joseph Hennequin, sous-préfet, la marraine Louise Bougarel, épouse de J.-B. Meilheurat, maire.

La petite, qui vient de Saint-Priest, a été installée au clocher en 1805, lors de la réunion de cette paroisse à Gannat.

1823. *Henri Escot*, originaire de Saint-Julien-de-Coppel, près de Billom, en Auvergne, fut transféré de la paroisse de Vensat à la cure de Sainte-Croix, de Gannat. On rapporte que M. l'abbé Gonnard, mort curé d'Estivareilles, faisant fonction de maître des cérémonies à l'un des offices funèbres de M. Farghon aurait conduit le curé de Vensat à la stalle curiale ; et comme celui-ci, qui venait de le remarquer, s'excusait d'occuper cette place d'honneur, le maître des cérémonies lui aurait répondu : *Vous y êtes, restez-y*. De fait, il y resta et ne tarda pas à occuper comme curé la place que peut-être le hasard avait donné au voisin du vénérable défunt. Après dix ans d'administration, il se retira à Billom où il mourut.

1833. *Gilbert Henry* prit possession de la cure de Sainte-Croix au mois de novembre 1833 et l'administra jusqu'en 1839, époque à laquelle la confiance de Mgr de Pons, évêque de Moulins, l'appela auprès de lui en l'élevant à la dignité de vicaire général. Vainement ses paroissiens firent-ils auprès du prélat les démarches et les instances les plus pressantes pour le conserver parmi eux. Mgr répondit spirituellement que leurs regrets et les témoignages de leur attachement à leur digne curé lui fournissaient la preuve qu'il avait fait un bon choix pour son diocèse et qu'il le maintenait. Ce fut sous son administration que le 6 août 1835,

Mgr Giraud, évêque de Rodez, accorda à Gannat, une partie des reliques de sainte Procule que son diocèse en avait reçues en 1673, et que le 24 février 1837, Mgr de Pons, évêque de Moulins, permit de les exposer à la vénération des fidèles (authenthiques dans les archives de la Fabrique).

1839. *Christophe Cornil*, après un court passage à Iseure comme curé, et à l'évêché comme secrétaire, fut nommé à la cure de Gannat en 1839, et l'administra jusqu'en 1869. Il travailla avec beaucoup de zèle à décorer l'église et à mettre en honneur le culte de sainte Procule, à laquelle il consacra une brochure ayant pour titre : *Vie de sainte Procule.*

1869. *Jacques-Henri Durot*, successivement curé de Deux-Chaises et de Dompierre, fut transféré à Gannat en 1869. Il prit possession de la paroisse le 9 décembre, et fut installé le 13 décembre, troisième dimanche de l'Avent, par M. l'abbé Barichard, vicaire général.

CHAPITRE IV.

DES RELIQUES DE SAINTE PROCULE.

Par reliques d'un saint, il faut entendre ce qui reste de lui après sa mort.

Dans un sens moins strict, on donne aussi le nom de reliques aux objets qui ont été à son usage pendant qu'il était sur la terre.

Enfin, dans un sens plus large, on appelle reliques les divers objets qui ont touché au corps d'un saint ou à ses reliques ou qu'on a déposés sur son sépulcre.

On divise les reliques des saints en trois classes : elles peuvent être *insignes, notables* ou *minimes*.

On entend par relique *insigne* le corps entier d'un saint, ou un membre entier, comme la tête, un bras, une jambe, ou la partie sur laquelle un martyr a souffert, pourvu qu'elle soit notable et entière.

On entend par relique *notable* une partie entière du corps qui n'est pas un membre, comme un doigt, une côte, un fragment considérable d'une partie importante.

On entend par reliques *minimes* celles qui ne consistent qu'en quelques petits fragments, quelques parcelles.

Le culte des reliques est fondé sur la nature et la tradition.

1° Il est naturel à une société d'honorer les restes de ses grands hommes. De là ces monuments élevés par souscription publique, ces sépultures réservées, ces noms donnés aux rues, ces plaques de marbre ou de bronze mises sur les maisons où ils ont reçu le jour.

Or les saints sont les grands hommes et les héros de l'Eglise. N'est-il pas juste d'entourer leurs cendres de respect et d'honneur ?

Il est naturel à ceux qui sont faibles et

exposés de recourir aux puissants qui peuvent les protéger et les défendre. Or nous sommes exposés à mille dangers, aussi bien dans l'ordre physique que dans l'ordre moral, et les saints, en leur qualité d'amis de Dieu et de frères des hommes peuvent et veulent intervenir auprès du maître des fléaux et du dispensateur des grâces.

2° Aussi de tous temps et dans tous les pays les chrétiens se sont-ils montrés saintement avides de posséder des reliques, et empressés à les honorer. De là ce zèle des premiers chrétiens à se saisir, aux prix de mille dangers et par mille industries, du corps des martyrs ; à tremper des linges dans leur sang. De là ces pieux larcins, dus à la ruse ou à la force. De là ces pélerinages aux tombeaux des saints illustres. De là ces processions extérieures aux jours des calamités publiques. « Lorsque les reliques des saints sortaient de leurs mystérieuses retraites, le peuple, plein de confiance, y voyait un présage infaillible de l'apaisement du ciel. » (1). Et combien de fois Dieu n'a-t-il répondu par d'éclatants prodiges à la confiance mise en ses saints ? Telle est la tradition universelle. C'est le tombeau des saints ou, ce qui est la même chose, leurs reliques qui ont groupé les habitations autour de ces dépouilles sacrées et ont formé un grand nombre de nos villes.

Eh ! quoi de plus moral que ce culte ? « Les anciens plaçaient le tombeau de leurs héros sur les voies publiques les plus fréquentées pour inviter, silencieusement, leurs descendants à les imiter. C'est dans ses temples, où ses enfants viennent se reposer des fatigues de leur pélerinage, que l'Eglise conserve et expose les reliques de ses saints ; et, leur montrant ces restes vénérables, elle leur dit : *Mementote operum patrum, mementote qualiter salvi facti sint :* Enfants des saints, souvenez-vous des œuvres que vos pères ont accom-

____

(1) *Petits Bollandistes.*

plies, souvenez-vous de quelle manière ils ont opéré leur salut. » (1).

Quel puissant encouragement à bien faire!

L'église de Sainte - Croix, de Gannat, nous l'avons vu par l'inventaire de 1778, possédait un grand nombre de ces précieuses reliques. Mais ce qui en faisait la principale richesse, c'était le corps entier de sainte Procule.

Nous savons, en effet, que la sainte, décapitée par Géraud, avait, comme saint Denis, pris sa tête dans ses mains et était venue à Sainte-Croix, au moment où un prêtre, nommé Paul, achevait le saint sacrifice de la messe. Elle lui avait demandé les honneurs de la sépulture; puis, laissant échapper sa tête de ses mains, elle s'était affaissée sur elle-même. Son âme s'était envolée au ciel et son corps restait à Gannat, pour y être l'instrument de nombreux miracles, l'objet des hommages des habitants de sa patrie adoptive, et la source de

(1) *Petits Bollandistes.*

gráces abondantes, pour eux et leurs voisins.

La tradition porte et nous apprend (P. Constantin, p. 162) que ce saint corps fut enterré près du grand autel, sans nous marquer précisément l'endroit où il fut posé.

L'auteur du manuscrit ne veut pas qu'on se plaigne trop de la négligence des anciens. Selon lui, il convenait qu'un dépôt si précieux ne fût pas renfermé et comme caché dans un coin isolé et solitaire, *il fallait que l'église Sainte-Croix lui servît tout entière de mausolée, et qu'on pût dire dans toute l'étendue de son enceinte :* « *C'est ici que sainte Procule fut enterrée.* »

Il ajoute un peu plus loin : « *La Providence de Dieu a suppléé à la négligence de nos ancêtres, elle a rendu le tombeau de cette sainte glorieux et recommandable par une infinité de miracles* ». « Ah ! faut-il, dirons-nous avec lui, que le détail de ces prodiges et de tant de merveilles nous soit caché et que une trop longue suite d'années nous en ait ravi les mémoires ! On ne peut douter néanmoins que Dieu n'ait fait de grands miracles sur le tombeau de notre sainte puisqu'on sentit le besoin de retirer ses précieuses reliques du sépulcre où on les avait ensevelies pour les placer sur les autels, et les exposer à la vénération des peuples, honneur qu'on ne rend ordinairement qu'après un exact et sérieux examen des grandes actions et des miracles que Dieu opère en faveur de ceux qu'on veut ainsi honorer. » (1) (2).

Combien d'années s'écoulèrent entre la mort de sainte Procule et le culte public rendu à ses reliques ? on l'ignore, attendu que la date de sa sépulture et celle de la première translation de ses restes est inconnue.

Ce qui est certain, c'est que le culte de

(1) Manuscrit de la Fabrique, p. 163.

(2) Au chapitre des miracles de sainte Procule, nous mentionnerons ceux de la seconde période.

sainte Procule remonte à une haute antiquité. Témoin ce Pierre Cellier (1) qui,
par son testament, fonde, en 1273, une
émine de froment en faveur de la chapelle
commémorative de son martyre. Témoin
ce Jean Rabusson, de Gannat, qui, ayant
fait avec ses trois fils (Gilbert, prêtre,
Christophe et Gaspard) le voyage de Rome,
sollicite et obtient du Saint-Siège, par un
bref signé des cardinaux suburbicaires,
l'an 1493, une indulgence de cent jours
attachée à cette même chapelle.

Quelle date fixer à ce que le R. P. Constantin appelle la première translation des
reliques, c'est-à-dire leur levée du tombeau
et leur mise dans une châsse de bois,
comme il sera expliqué plus bas ? Les documents font défaut.

Mais avant de faire cette double cérémo-
nie, il a fallu l'intervention de l'évêque de
Clermont, et voilà pourquoi leur présence
dans cette châsse est une preuve de la

(1) Manuscrit Tavernier, p. 181.

reconnaissance authentique de ces restes augustes, et une preuve de l'autorisation accordée par qui de droit de les honorer publiquement.

Or, en 1621, cette châsse de bois fut trouvée si *fort usée, à cause du long temps qu'elle avait servi* (1), qu'il fut délibéré que les reliques en seraient tirées pour être mises dans une châsse d'argent, donnée à l'église de Sainte-Croix par les habitants de Gannat.

Combien d'années avait-il fallu avant 1621 pour *user si fort* une châsse tenue soigneusement à couvert et présentée discrètement et de loin en loin même aux baisers des fidèles ?

Nous laissons au lecteur le soin de le conjecturer.

Il est à croire cependant qu'un jour cette châsse de bois a été ouverte avant 1621. En effet, une châsse d'argent, à l'image de sainte Procule, tenant sa tête en ses mains,

(1) Manuscrit de la Fabrique, p. 177.

avait été donnée *sy devant à l'église par noble Gilbert Filliot ou Filhol, vivant sieur
de la Fauconnière*. Un curé de Gannat,
nommé *Pierre de Lespée* ou *Delespéet* (1),
sans doute pour faire honneur au donateur
et reconnaître sa libéralité, avait placé dans
le chef un ossement *enveloppé et plié de
taffetas avec un papier signé de lui*. Nous
aurions là une date antérieure à 1561 et
même à 1559 ; car, Pierre de Lespée donna
sa démission de curé de Sainte-Croix, cette
année-là 1561, pour permuter avec Antoine
Barnier, curé de St-Léger de Montfermy,
canton de Pontgibaud, arrondissement de
Riom, et la veuve du donateur avait fait
son testament en 1559.

Quoiqu'il en soit, le 20 avril 1621, *le
Révérend père en Dieu, l'abbé de Saint-
Alyre, près de Clermont, étant venu en la
ville de Gannat, se transporta dans la*

---

(1) Le manuscrit de la Fabrique écrit de Lespée. Le registre
des *Insinuations* aussi dans l'acte de permutation ; un acte à la
mairie écrit Delespéet.

ditte église de Sainte-Croix avec aucuns de ses religieux qui l'assistaient, à la prière du sieur Ronchaud, curé, bénit et consacra *la châsse d'argent* (donnée par les habitants de Gannat) *et reliquaire qui fut remise dans le tabernacle* (celui des reliques), *pour faire la translation des reliques de la châsse de bois dans celle d'argent* (1).

En effet, Mgr l'évêque de Clermont, Joachim d'Estaing, avait accordé sous le contre-seing de M. Bournet, son vicaire général, la permission de faire cette seconde translation. Voici le procès-verbal qui en fut fait. Le R. P. Constantin le fait précéder de cette note : *Voici une fidèle copie de tout ce qui s'y passa, conforme à son original que j'ai tirée des archives de l'église de Sainte-Croix :*

« In nomine sanctœ et individuœ Trinitatis. Patris et Filii et Spiritus sancti. Amen.

(1) Manuscrit de la Fabrique, p. 178.

L'an de la nativité de Nostre Sauveur et Rédempteur Jésus-Christ, mil six cent vingt-un, Grégoire quinzième tenant le Saint-Siège apostolique, régnant en France le très chrétien roi Louis treizième, étant gouverneur pour sa Majesté au pays du Bourbonnais Mgr le prince de Condé, le samedi vingt-quatrième avril de l'année 1621, etc. (1).

Pour remercier Dieu de cette translation et pour en consacrer le souvenir, on fit deux processions, une le dimanche deuxième jour de mai *en suivant au dit an 1621* à laquelle assistèrent les *Bailles de la Frérie de Sainte-Procule avec tous les messieurs du corps de l'église de Sainte-Croix et plusieurs autres habitants de l'un et l'autre sexe.*

Mais pour plus grande solennité, *le dimanche neuvième may en suivant au dit an, fut faitte une autre procession où tous les habitants, tant ecclésiastiques que sécu-*

(1) Voir à l'appendice le document n° IV.

*liers, assistèrent avec une dévotion extra-
ordinaire, s'y étant disposés par jeûnes,
œuvres pieuses et réception du Saint-
Sacrement de l'Eucharistie* (3).

Quelques années plus tard, en 1673, eût
lieu une troisième translation. Voici à
quelle occasion.

Le bruit des miracles que Dieu faisait
pour honorer les reliques de sainte Procule
et celui des grands secours que les habitants de Gannat en recevaient s'était répandu jusqu'à Rodez, capitale du Rouergue
et patrie d'origine de la sainte.

Aussitôt les habitants de cette ville con-
çoivent le projet d'envoyer des députés à
Messieurs de Sainte-Croix, à Messieurs les
consuls et habitants de Gannat pour demander une relique insigne de cette sainte
qu'ils reconnaissaient pour leur compatriote. Ces députés furent Messires Jean,
prêtre de l'église et fraternité de Saint-
Amans de Rodez, et Emelran, consul de

---

(3) Nous en ferons la description au chapitre des processions.

ladite ville. Ils vinrent à Gannat, à la prière de Maître Antoine Monmaton, curé de Saint-Amans. Ils y reçurent le meilleur accueil. Messieurs de Sainte-Croix et les consuls leur *firent beaucoup d'honneur, leur ayant promis avec une civilité très obligeante tout ce dont ils avaient été priés.*

De leur côté, les députés de Rodez, pour marquer leur reconnaissance, avaient fait offre, avec la permission de Mgr Gabriel deVoyer de Paulmy, d'une relique du corps de Saint-Naamas (1).

Il ne restait plus qu'à exécuter ces mutuelles promesses.

A cet effet, le 17 juillet 1673, les religieux et prêtres de la fraternité de St-Amans se réunissent, dans leur sacristie, sous la présidence de Monsieur *maître Antoine Monmaton, prêtre et curé de la présente église.* Celui-ci explique à l'Assemblée tout ce qui

______

(1) Saint Naamas avait été diacre de l'église de Saint-Amans de Rodez.

s'est passé entre leurs députés et la ville de Gannat. Sur quoi on délibère que deux des Messieurs de la Fraternité seraient délégués pour aller remercier les Messieurs de Gannat de la grâce accordée et prendre de leurs mains la sainte relique promise et leur faire présent en même temps d'une insigne relique de saint Naamas (2). Les délégués choisis furent MM. Antoine Majorel et Serres. Ils arrivèrent à Gannat le 7 août 1673. Bientôt le bruit de leur arrivée fut répandu dans la ville. On se précipite à l'église pour voir ouvrir la châsse et vénérer les saintes reliques. Mais quand on sut le but de leur visite, quand on sut qu'il était question de leur donner une petite partie de leur cher trésor, il y eût grand tumulte, même dans le lieu saint. *Les uns s'opposaient et formaient des plaintes, ne pouvant consentir qu'on fit ce présent à Messieurs de Rodez, comme si on les privait d'une partie d'un thrésor qu'ils esti-*

(1) Voir à l'appendice la délibération n° V.

maient plus que toutes les richesses de la terre ; les autres y consentaient persuadés que cette translation serait glorieuse à la sainte, que son culte s'augmenterait par les honneurs qu'on lui rendrait dans la capitale du Rouergue.

Qui ne reconnaît là les assemblées populaires qui ne manquent guère d'être bruyantes et mouvementées ?

Le tumulte et les contestations durèrent jusqu'à la nuit qui contraignit le peuple à se retirer. Mais aux premiers rayons de l'aurore on court en foule à l'église Sainte-Croix. Vainement avait-on mis des gardes aux portes ; la multitude l'emporte et l'église est envahie. On se presse, on se pousse, *on monte sur les balustrades qui sont autour du grand autel et on les renverse. Elles tombent ; mais sans blesser aucuns de ceux qui se trouvaient sous les ruines de ces prodigieuses masses de pierres, Dieu approuvant leur dévotion et leur sainte curiosité par un prodige qui tient du miracle.*

On ouvre enfin la sainte châsse, et Messieurs les députés de Rodez reçurent la relique insigne qu'on leur avait promise. Ce fut l'os qu'on nomme *cubitus,* c'est-à-dire l'os du bras. On la ferma dans une boîte scellée et cachetée pour être ouverte à leur arrivée à Rodez, et Messieurs de la communauté de Gannat reçurent *à même temps* la relique de saint Naamas, qui fut l'os de la cuisse qu'on nomme *femur.* On la mit dans un reliquaire, et on en célèbre la fête le 7 septembre avec toute la solennité qu'on doit à une si précieuse relique (1).

Cependant les députés de Rodez, nantis de leur cher trésor, songèrent à retourner dans leur pays. MM. les communalistes jugèrent à propos d'accompagner la sainte relique processionnellement jusqu'au-delà des faubourgs, avec tout le corps de ville, religieux et séculiers. Les PP. Capucins et les PP. Augustins y furent appelés, et y

(1) Voir à l'appendice le procès-verbal de cette livraison n° VI.

vinrent avec leur croix. Avant eux marchaient tous les confrères de la confrérie de Sainte-Procule. Après eux venaient les précieuses reliques que suivaient les ecclésiastiques *tous en chappes ;* et la procession était terminée par MM. les juges et magistrats et par une foule de peuple. Avant de sortir de l'église, on entendit un discours prononcé par un capucin qui s'appliqua à calmer l'esprit du peuple qui s'opposait à cette translation, montrant que ce transport était glorieux à la sainte et avantageux à Gannat. Après quoi la procession se mit en mouvement jusqu'aux faubourgs d'où elle revint dans le même ordre et la *même dévotion* pendant que MM. les députés de Rodez continuaient leur marche. Parvenus à trois lieues de leur ville, ils donnèrent, comme il avait été convenu, avis de leur arrivée à MM. les religieux et prêtres de Saint-Amans. A cette nouvelle, toute la ville fut transportée de joie, et il fut décidé qu'on partirait le jour suivant pour aller à leur rencontre et en procession. La précieuse relique fut reçue à une lieue de la ville. Elle y entra *au bruit des aubois, des tambours et des trompettes, au son des cloches et parmi les applaudissements et les acclamations publiques.* Le R. P. Constantin ajoute que la foi des habitants de Rodez lui bâtit une magnifique chapelle, et qu'ils ne tardèrent pas à ressentir les effets de sa puissante protection.

Rodez a conservé pieusement jusqu'à ce jour le présent de Gannat ; Gannat a perdu hélas ! son précieux trésor qu'il possédait encore à la veille de 93. Nous voudrions nous persuader que peut-être il demeure caché dans quelque lieu secret et ignoré de l'église. Un moment nous avons senti notre espérance ou plutôt notre désir se raviver lorsque nous avons lu une délibération du conseil de Fabrique du 5 janvier 1812. Il y est décidé qu'on fera lever le plan de l'église de Saint-Croix tel qu'elle était en 1790 et qu'une châsse en argent serait exécutée sur ce modèle pour les *reliques* de Sainte-Procule. M. l'abbé Tavernier, curé de Mazerier, à qui on reconnaît des connaissances en ces sortes d'objets d'art, devait être prié de s'entendre à ce sujet avec un orfèvre de Paris.

Avait-on alors des reliques à mettre dans cette châsse future ? en espérait-on seulement ? Il est certain qu'il n'a pas été donné suite à ce projet. Il est donc beaucoup plus probable que les reliques de sainte Procule ont partagé le sort des statues et des ornements de l'église, lesquels ont été brûlés en 93 sur la place des Vieilles-Halles. Les anciens de la paroisse racontent, en effet, que le cul-de-jatte Couthon, de passage ou en résidence à Gannat, se faisait porter au club, ne pouvant y aller de son pied. Un habitant de la ville (1), admirateur fanatique du farouche révolutionnaire, se faisait remarquer par son empressement à solliciter ce qu'il appelait l'honneur de porter le fauteuil du citoyen Couthon. Un jour, au club, il demande la parole, et quand elle

(1) Par égard pour sa famille, nous taisons son nom.

lui a été accordée : « Citoyen, dit-il au président, je demande que puisqu'on a brûlé
saint Etienne, on brûle aussi sainte Procule ». A quoi l'homme du Cendre répondit
d'un air satisfait : « et toi aussi. »

Toujours est-il que depuis l'ouragan révolutionnaire les précieuses reliques n'ont
pas été retrouvées et qu'il a fallu redeman-
der à Rodez une partie de ce que Gannat
lui avait donné en 1673. On a eu l'amabilité
de nous céder de modestes parcelles dont
l'une se voit dans la châsse en bois exposée dans la chapelle de Sainte-Procule et
l'autre est sous verre aux pieds de sa statue. L'authentique qui est dans les archives
de la Fabrique porte la date du 6 août 1835
et le sceau de Mgr Giraud, évêque de
Rodez. Au verso, on lit l'autorisation de
vénérer et d'exposer publiquement ces reliques (1). Cette autorisation, accordée par

---

(1) On sait en effet que des reliques, même déjà reconnues
par un évêque, ne peuvent être exposées publiquement, en dehors
de son diocèse, sans une nouvelle reconnaissance et autorisation
de l'ordinaire du lieu.

Mgr de Pons, évêque de Moulins, sous le contre-seing de M. Gueullette, secrétaire, est du 24 février 1837 (3).

Puisse le souvenir de la confiance de nos pères ranimer la nôtre ! et ce qui nous reste de sainte Procule nous être comme pour eux une protection et une sécurité !

———

(3) Voir à l'appendice ces pièces n°˙ VII et VIII.

CHAPITRE V.

MIRACLES DE SAINTE PROCULE (1).

De tous les moyens que Dieu prend pour manifester la vertu et le mérite de ses saints, il n'en est pas de plus solennel et de plus convaincant que les miracles. C'est comme le sceau divin apposé sur leur mémoire pour la consacrer et la signaler aux respects et à la vénération des peuples.

Sainte Procule a reçu cette consécration divine, et à la double auréole de la virginité et du martyre elle unit l'éclat des prodiges opérés par ses reliques.

Nous ne nous arrêterons pas avec le

(1) Par miracle on entend un événement contraire aux lois ordinaires de la nature.

R. P. Constantin à voir un *miracle* dans la virginité de notre sainte ; car s'il est vrai que saint Augustin estime que Dieu montre sa puissance avec plus d'éclat en faisant triompher une vierge des appas de la chair qu'à produire des mondes, s'il est vrai de dire avec Tertullien qu'il est plus facile de mourir pour cette vertu que de vivre avec elle, nous comptons trop de ces héros et de ces héroïnes de la chasteté pour en faire à notre sainte patronne un mérite à part.

Nous ne nous arrêterons pas non plus à voir un *miracle* dans sa résistance aux prières et aux menaces de Géraud, ni dans sa mort sanglante, triomphe pourtant bien glorieux pour une jeune fille timide, délicate et sensible. Cette gloire, en effet, lui est commune avec tant d'autres, comme les Agnès, les Philomène et ces milliers de vierges martyres qui font cortège à l'Agneau sans tache.

Venons à des faits moins généraux et plus particuliers dont le manuscrit du capucin de Gannat fait mention.

7

Il disserte longuement sur la venue à Sainte-Croix de sainte Procule portant sa tête en ses mains, sur la conversion instantanée de Géraud, et sur les châtiments infligés durant plusieurs générations aux impies qui, la voyant passer, l'avaient chargée d'injures et de malédictions. D'après lui, et c'est la tradition du pays, les uns furent affligés de maladies honteuses, d'autres réduits à une extrême indigence et plusieurs privés de la sépulture après une mort violente, Dieu vengeant ainsi les insultes dont la jeune vierge avait été l'objet. Cette tradition est corroborée par ce fait que, pour obtenir leur pardon et détourner la colère du ciel, les bouchers, dont le quartier avait été le théâtre de ces insultes, se montrèrent les plus empressés à entrer dans la confrérie établie en l'honneur de sainte Procule, et qu'à ces proccessions deux d'entre eux occupaient une place réservée à côté de ses reliques et portaient un cierge.

Il semble difficile de ne pas voir dans

ces trois faits des événements contraires aux lois ordinaires de la nature et dans l'ordre temporel et dans l'ordre spirituel et par conséquent de véritables miracles.

Mais suivons le cours du temps et indiquons par des dates et des noms les prodiges dus à la confiance qu'elle inspirait.

1450. En cette année Jean Arfeuille fit paraître sa vie de sainte Procule. Il *y atteste et confesse avoir éprouvé lui-même les secours de cette sainte dans plusieurs maladies qu'il a eues en divers temps, et il ajoute que de son temps deux muets avaient* recouvert *l'usage de la parole par les intercessions de la même sainte et que l'acte public en fut fait le même jour* (manuscrit p. 210) (1).

1635. Michel Conches, curé et recteur de l'église de Sainte-Croix, fut affligé d'une maladie longue et dangereuse. Après avoir employé plusieurs remèdes, réduit à l'ex-

_____

(1) Combien n'est-il pas à regretter que cet acte n'ait pas été conservé !

trémité, abandonné des médecins, il fit un vœu à sainte Procule et mit en elle toute sa confiance. Dans le même moment il se sentit soulagé et reprit sa première santé. Ce fut pour reconnaître ce bienfait qu'il fit peindre un tableau où il est représenté revêtu de son surplis, à genoux aux pieds de sa bienfaitrice avec cette inscription :

Tibi, ô Procula, vitæ suæ post Deum et Dei param curâ tuâ servatæ, atque a morbi et læthi faucibus ereptæ, dùm viveret gratus et voti si placet tabellam hanc ad tholum appendit M. Conches hujus ecclesiæ rector.

C'est-à-dire continue le manuscrit :

Des portes du trépas ramené par vos mains,
Grande sainte envers vous que ce tableau m'ac-
*   Et témoigne à tous les humains   [quitte*
Ce qu'auprès du Très-Haut a pu votre mérite !

*   Vos vertus ornent ses trésors,*
Et je suis, ô Procule, une preuve certaine
Que sur les maux, et de l'âme et du corps,
*   Vous agissez en souveraine.*

1643. Le feu s'était mis par l'imprudence

d'un domestique à la maison de la Faulconnière (1) et menaçait la ville d'un em-
brasement universel. Ce fut pendant la nuit
que commença cet effroyable incendie. On
crie au feu, on sonne le tocsin ; tous les
habitants sont sur pied. Les flammes s'éle-
vaient à une hauteur prodigieuse ; le vent
portait au loin des charbons ardents sur le
toit des maisons. La crainte saisit la population, on sort précipitamment, on transporte même hors des murailles les meubles
et les denrées, et déjà on proposait d'abattre
les maisons voisines pour arrêter le cours
du fléau, lorsqu'on eût la pensée de recourir à sainte Procule. Messieurs de Sainte-
Croix sont priés de *sortir* la châsse où sont
renfermées ses précieuses reliques. O prodige ! ô merveille ! on n'eût pas plutôt présenté et exposé au feu ces sacrés ossements
qu'on vit toit, charpente, planchers et meubles se détacher et tomber pêle-mêle entre

(1) Cette maison était dans la Grande-Rue, vis-à-vis du por-
tail de l'église.

les quatre angles de cette grande maison et par cette chute le feu fut éteint et la ville préservée du danger qui la menaçait.

1688. Cette année-là eut lieu une inondation épouvantable. L'Andelot sortit de son lit, précipitant ses eaux impétueuses au-dessus des ponts, lesquels ont *10 à 12 pieds d'hauteur* et envahissant les portes de la ville. *Déjà les rues étaient impraticables, et les eaux gagnaient le premier étage des plus hautes maisons* (de la partie basse de la ville). Les habitants sont dans la consternation. En cette extrémité, ils ne voient d'autre secours que l'intervention de leur patronne, sainte Procule. Cette fois encore ils font sortir la sainte châsse. On la porte, comme une autre arche d'alliance, autour de la grande place où les eaux n'étaient pas encore, et voilà qu'aussitôt le torrent rentre dans son lit avec une sorte de *précipitation* et s'écoule dans les plaines de la Quérie et d'Escurolles.

1705. C'est une guérison due à l'intercession de sainte Procule. Elle a eu les honneurs d'un procès-verbal conservé dans les archives de la Fabrique. Le voici avec ses incorrections de style qui ne font que lui donner un caractère plus certain d'ancienneté et d'authenticité :

« L'an mil sept cent cinq, et le trentième aoust, s'est transporté dans cette église de Ste-Croix de la ville de Gannat où reposent les ossements de sainte *Proculle* et a comparu devant nous,

Demoiselle Louise le Tailleur du Tonin avec Pierre Despréaux, écuyer, sieur de la Motte de Ceron, son *mary*, et messire Alexandre de Brinon, écuyer, prestre curé de la paroisse de Brout, la quelle nous a déclaré et aux témoins cy après nommés, et serment préalablement pris de la ditte demoiselle et des d. sieurs de Brinon et Despréaux au cas requis,

Qu'ils étaient venus pour accomplir le vœu fait par la ditte demoiselle à sainte *Proculle* et pour rendre grâces à Dieu de la guérison miraculeuse qu'elle avait reçue de lui par l'intercession de cette sainte d'un *rumatisme* qu'elle avait sur le bras droit depuis plus de cinq mois, qui lui causait de continuelles et *viollantes* douleurs, et qui lui avait entièrement osté l'usage de ce bras, ne pouvant pas du tout s'en servir, ayant fait auparavant tous les remèdes que les médecins et les apotiquaires lui avaient ordonné de faire pour recouvrer la santé, et sans en avoir reçu aucun soulagement; et qu'ayant appris le septième ou huitième juillet dernier qu'on devait faire dans cette ville une procession solennelle à laquelle on devait porter la châsse dans la quelle sont enfermés les ossements de sainte *Proculle*, elle se sentit pressée intérieurement d'avoir recours à la dite sainte, y faire ses dévotions, etc., si elle recouvrait la santé par son intercession.

Et que le neuf du dit mois, qui est le jour de la translation des reliques de la ditte sainte, au quel se devait faire cette procession, elle ordonna *à une de ses filles d'y venir et de lui porter du ruban qui aurait touché aux reliques de la dite sainte* (1).

Ce que sa ditte fille ayant fait, et porté à sa mère, elle le prit avec toute la dévotion et la Foy dont elle était capable, et on eut pas plutost attaché ce ruban à son bras droit qu'elle se sentit guérie et qu'elle *recouvrit* le mouvement du bras droit. Sur le champ elle s'en servit, comme elle s'en sert encore, avec la même liberté qu'elle faisait avant ce rumatisme, ce que les d. sieurs Despréaux et de Brinon nous ont aussi assuré, ainsi que la ditte Demoiselle le Tailleur du Tonin nous l'a raconté.

En foy de quoi ils ont *signés* le procès-verbal avec nous Vincent Marcquelan, curé de la *ditte* paroisse Ste-Croix de Gannat, le dit jour et an que dessus.

Signés : Lamotte Depreaux — Louise le Tailleur de Ceron ».

1706. « Damoiselle Françoise Couchon-

---

(1) C'est encore l'usage aujourd'hui que les pélerins de sainte Procule achètent du ruban ayant touché ses reliques.

nat, native de la ville de Gannat, épouse à
M. François Burin, procureur en la séné-
chaussée de Bourbonnais et siège présidial
de Moulins, s'étant trouvée malade dans
la paroisse d'Etroussat, distante de trois
lieues, se fit conduire au dit Gannat, en la
maison de M. Jacques Couchonnat, conseiller du roy et son procureur en la juri-
diction de police, son père.

La violence de sa maladie la fit accou-
cher d'un garçon qui reçut le baptème dans
l'église de Sainte-Croix et mourut quelques
jours après. La mère resta dangereusement
malade et dans un danger évident de mort.
Elle eut recours à sainte Procule et obtint
de Messieurs les vénérables de Sainte-
Croix de mettre sur la châsse où sont les
reliques de cette sainte *une chemise*. Elle
n'en fut pas plus tôt revestue qu'elle se sentit soulagée, et, redoublant ses prières, elle
fit vœu avec son époux, le dit Burin, de
faire peindre un tableau dans lequel elle
serait représentée aux pieds de la sainte,
implorant son secours. Dans ce même mo-

ment elle se vit hors de danger. Elle fit travailler incessamment au tableau qu'elle présenta elle-même, et le fit exposer à l'autel consacré à la ditte sainte, au commencement de l'année 1707. Elle assista ce même jour à une grande messe qui fut célébrée en action de grâce par Messieurs de Sainte-Croix. C'est ainsi qu'elle fut délivrée d'une maladie qui avait paru jusqu'alors sans remèdes. »

Le R. P. Constantin fait suivre cette narration de la mention suivante : *Cette copie est conforme à l'original conservé dans les archives de l'église Sainte-Croix.*

1708. « La Révérende mère Grimaud, religieuse de Notre-Dame, au couvent de Gannat, fut attaquée d'une espèce de paralysie, le 13 juin, qui lui laissa son bras et sa main droite perclus, sans qu'elle put s'en servir. M. Charles, docteur en médecine, fut du sentiment qu'elle ne pouvait guérir que par la boisson des eaux et par la douche. Mais il vint en pensée à cette dévote religieuse d'implorer le secours de sainte Procule. Se voyant proche de sa fête, qu'on célèbre à Gannat le 9 juillet, elle commença ses prières et les continua l'espace de neuf jours, et au dernier elle pria Messieurs de Sainte-Croix de vouloir bien permettre qu'on mît son bras et sa main paralytique sur la sainte châsse où sont renfermées les reliques de cette sainte, lorsque ces messieurs, selon leur coutume, portent ce sacré *despost* le même jour dans l'église de ces Dames religieuses pour contribuer à leur dévotion.

Cette grâce fut accordée à la malade. On pose la sainte châsse à la grille des dittes Dames, et on met le bras et la main de la paralytique dessus ce sacré despost. Aussitôt elle sentit une chaleur vivifiante dans son bras qui était auparavant froid comme une glace, et dès ce moment elle s'en servit et s'en sert encore aujourd'hui comme si elle n'avait jamais été malade. »

Le R. P. Constantin ajoute : *Elle-même m'en a donné sa déclaration.*

1712. « Marguerite Fradi, fille à Thomas

Fradi et à Marie Mena, habitants de la ville d'Ebreuil, après une longue maladie qui se termina par une grosse et cruelle fluxion sur la cuisse et la jambe du côté droit, en sorte qu'elle a été plus de quinze mois contrainte de se servir de *potences* pour se soutenir, et à grande peine pouvait-elle marcher avec ce secours. Ayant ouï parler des mérites de sainte Procule, elle fit vœu de venir à Gannat célébrer sa fête qu'on solennise le 9 de juillet.

Elle demeura tout un jour pour s'y rendre, et encore fallut-il qu'une femme la soutînt et la portât sur ses épaules dans les endroits plus difficiles à passer.

Etant arrivée, elle commença ses prières pendant toute l'octave, et le neuvième jour elle se transporta avec ses potences à la chapelle qu'on nomme le pas de Sainte-Procule.

Là, implorant le secours de cette grande sainte, dans ce moment elle se sentit soulagée, et pleine de confiance elle jeta ses potences dans la chapelle et vint à la ville

d'un pas ferme rendre grâce à sa bienfaitrice dans l'église de Sainte-Croix où reposent ses précieuses reliques. » (1).

C'est, ajoute le R. P. Constantin, *la déclaration qu'elle en a fait publiquement
et à moy-même en particulier. Elle marche
actuellement avec la même facilité que sy
elle n'avait jamais esté malade.*

D'après ces faits consignés par écrit par
un contemporain, avec noms propres et
dates, et revêtus de tous les caractères
d'authenticité que comportait la foi de ce
temps, on serait mal venu à mettre en
doute le pouvoir surnaturel de sainte Procule, et l'usage qu'elle a bien voulu en faire
pour ses dévots serviteurs.

Si les miracles de l'évangile n'échappent
pas à la négation de l'incrédulité et de la
prétendue science, comment ceux de sainte
Procule seraient-ils acceptés sans objections et sans résistance ?

____

(1) Nos anciens affirment avoir vu des béquilles ou *potences*
dans sa chapelle.

Mais ce qui du moins ne saurait être contesté, c'est la confiance que nos pères avaient en sainte Procule puisque dans leurs besoins spirituels et temporels ils avaient recours à ses saintes reliques.

A qui nous demanderait pourquoi de nos jours les miracles de sainte Procule ont cessé, nous répondrions que les miracles dépendent de la libre volonté de Dieu et que c'est la foi et non la curiosité et l'orgueil des hommes qui la déterminent. Les Juifs demandaient au Sauveur de leur faire un prodige, et il s'y refusa. Hérode était bien aise que Pilate lui eût envoyé celui qui avait rempli la Judée du bruit de ses miracles, il espérait que sa cour et lui seraient témoins de quelque fait surprenant, le Sauveur ne lui répondit même pas un mot.

Mais si la question nous était faite par quelqu'un des fils ou des amis de ceux qui ont brûlé les reliques de sainte Procule nous lui répondrions certainement et de manière à changer son sourire en grimace et son outrecuidance en humilité.

Aux enfants de la Foi, à ceux qui comme nous sont persuadés que Dieu se plaît à glorifier ses saints en leur communiquant une partie de sa puissance, nous dirons avec N.-S. : *bienheureux ceux qui croient!* et nous leur souhaiterons d'en faire comme nos pères la douce expérience (1).

----

(1) Des vieillards à qui nous nous sommes adressés nous ont affirmé qu'un nommé Pouzat, lequel avait contracté des douleurs rhumatismales dans des travaux humides de corroyeur et qui par suite avait été obligé de se servir de béquilles pendant dix ans, les avait senti tomber au retour d'une procession, le jour de la fête de sainte Procule, ce qui avait été l'occasion d'un *Te Deum*. Ils ajoutent que, par reconnaissance, l'homme guéri alla tous les jours et par tous les temps prier à la chapelle de sa bienfaitrice.

CHAPITRE VI.

DES CHAPELLES DE SAINTE PROCULE.

Le R. P. Constantin commence son chapitre sur les honneurs rendus à sainte Procule en rappelant que le choix d'un lieu propre à honorer la majesté de Dieu est aussi ancien que la religion : témoin l'autel élevé par Noë, au sortir du déluge, sur les montagnes de l'Arménie ; témoins ceux dressés par Abraham pour reconnaître les bienfaits du Seigneur ; témoin la pierre où Jacob avait reposé et qu'il consacra à son réveil en y répandant de l'huile ; témoin le Tabernacle commandé par Dieu lui-même à Moïse ; témoin enfin le fameux temple de Salomon.

La Religion chrétienne plus parfaite que

l'ancienne synagogue, se garda bien de ne pas répondre à ce besoin du culte.

Dès qu'elle put sortir des Catacombes et recouvrer sa liberté, elle s'empressa de bâtir des églises et d'élever des autels, à l'exemple de Constantin qui fit de son propre palais de *Latran* une église dédiée à saint Jean-Baptiste.

Aussi les habitants de Gannat, instruits de ces vérités et désireux de marquer à leur sainte patronne leur confiance et leur dévotion lui ont bâti deux chapelles. Ces chapelles étaient extérieures ; l'une était sur le lieu de son martyre ; l'autre à l'endroit où elle avait vécu depuis son arrivée sur le territoire de Gannat.

Il ne paraît pas qu'elle ait eu dans l'église une chapelle spéciale. Mais elle y avait un autel ; car il est dit dans les statuts de la confrérie rétablie et approuvée en 1705 *que les Bailles feront dire une messe basse à l'honneur de sainte Procule tous les lundis de chaque semaine, à 8 heures, à l'autel qui est sous la tribune, à côté gauche du chœur, lequel a été choisi pour cet effet.*

C'était au même autel que se disait la messe basse *pour le repos de l'âme de chaque confrère* de Sainte-Procule.

I. La première chapelle extérieure, la plus ancienne, est celle du lieu de son martyre. Elle était à cent pas de la ville (1), à peu près à la place de la croix du Couvent. Le R. P. Constantin dit qu'on voyait *sous le marchepied de l'autel* l'endroit où *tomba sa tête sous le glaive de son persécuteur*, et que cette chapelle avait été *augmentée aux frais des habitants.*

C'est peut-être en faveur de cette chapelle qu'en l'an 1273 Pierre Cellier fit la fondation d'une émine de froment.

C'est très certainement à elle que, par acte du 13 octobre 1526, Guillaume Chambarette, prêtre de l'église Sainte-Croix,

______

(1) La ville, qui était fermée, entourée de fossés et de tours, commençait à la place du Château-d'Eau.

attribua la fondation d'une procession et d'une *messe à haute voix avec deux orai- sons, une de saint Géraud et une pour les morts, et au retour de la procession un libera me chanté à haute voix avec les orai- sons accoutumées devant la porte de l'église de Sainte-Croix* (1). Elle est désignée en effet par ces mots : *Chapelle de Sainte- Procule, hors des murs de la ville de Gannat.*

C'est très certainement aussi à cette cha- pelle qu'était attachée une indulgence de 100 jours, accordée par les cardinaux subur- bicaires à la demande de Jean Rabusson, de Gannat, et de ses trois fils : Gilbert, prêtre, Christophe et Gaspard, l'an 1493, le 20 mai, la première année du pontificat d'Alexandre VI.

En voici la traduction (2) que le P. Cons- tantin fait suivre de la mention suivante

(1) Manuscrit de la Fabrique, p. 238.
(2) Voir à l'appendice le **texte latin**, n° IX.

(243) : Cette copie est conforme à l'original que j'ai vu et lu.

Indulgence.

Albert de Sabine, Jean de Porto, Grégoire d'Albe, Jérôme de Preneste, Esvesques,

Dominique du titre de Saint-Laurent, Laurent du titre de Sainte-Cécile, Antoine du titre de Sainte-Praxede, Jean du titre de Sainte-Suzanne, Prestres,

Baptiste de Saint - Georges, Jean de Sainte-Marie, Frédéric de Saint-Théodore, Diacres,

Par la miséricorde divine Cardinaux de la sainte Eglise romaine,

A tous et à un chacun des fidèles de J.-C. qui verront les présentes lettres, salut et bénédiction en Notre Seigneur.

Plus souvent nous exhortons les fidèles par les mérites des saints aux œuvres de charité, plus aussi nous pourvoyons par des moyens salutaires à leur salut éternel.

Désirant donc que l'église de sainte Procule, vierge et martyre, située hors des murs de Gannat, du diocèse de Clermont,

à la quelle, comme nous avons appris, nos
bien aimés en J.-C., les vénérables hommes
Jean Rabusson, laïque, *Gilbert*, prestre,
Christophe et *Gaspard*, ses fils, ont une
singulière dévotion,

Reçoive de plus grands honneurs, et
qu'elle soit respectée avec plus d'assiduité
par les fidèles ; que cette église soit dûment
réparée, conservée, augmentée, et qu'elle
soit fournie et entretenue d'aubes, de cha-
subles, de calices, et autres ornements nécessaires au culte divin ;

Nous confiant et appuyant sur la miséricorde de Dieu et sur l'autorité des bienheureux apôtres saint Pierre et saint Paul,

A tous et un chacun des fidèles, de l'un
et l'autre sexe, vraiment pénitents et con-
fessés *qui auront visité dévotement la ditte
église, chaque année, et qui auront tra-
vaillé à sa réparation, conservation et augmentation par leurs aumosnes et par
d'autres œuvres de piété, les jours suivants, scavoir :*

*Les jours de la fête de sainte Procule,
vierge et martyre,*

De l'Exaltation de Sainte-Croix,

De saint Etienne, premier martyr,

*Le lundi de la résurrection de N. S.
Jésus-Christ,*

Et de la Dédicace de la ditte chapelle,

*Depuis les premières vêpres jusqu'aux
secondes inclusivement de chacun de ces
jours,*

Nous, cardinaux sus-nommés, scavoir
tous en général et chacun en particulier,
*relâchons et remettons par la miséricorde
du Seigneur* cent jours de pénitence *qui
leur aurait été enjointe aux jours susdits
et à chacune de ces fêtes à ceux qui auront
observé ce que nous exigeons d'eux, scavoir
qu'ils soient vraiment pénitents et con-
fessés.*

Ces présentes durables à perpétuité et
dans les temps à venir.

En foy de quoi nous avons commandé
qu'elles fussent scellées et munies de nos
sceaux,

Donné à Rome, dans nos maisons, l'an de Notre Seigneur mil quatre cent nonante-trois, le vingt du mois de may, sous le pontificat de notre Saint-Père, Alexandre VI, l'an premier. »

Qui ne voit l'importance de cette pièce, preuve solennelle, glorieuse et incontestable de l'existence et de la fréquentation de la chapelle du martyre à cette date déjà ancienne de 1493 ?

Etait-ce le désir de gagner cette précieuse indulgence, était-ce celui d'honorer sainte Procule au lieu même de sa victoire, était-ce ce double sentiment qui entraînait les foules vers ce pieux pélerinage ? Toujours est-il qu'un prêtre y était spécialement consacré, et y était entretenu (1) pour le service de la dite chapelle et pour seconder la dévotion des fidèles.

Elle avait ses ornements particuliers, et nous avons vu que la garde et le soin en étaient confiés aux bouchers qui étaient

____

(1) Manuscrit de la Fabrique, p. 238.

heureux de faire ainsi amende honorable à celle qu'autrefois leurs pères avaient insultée.

Hélas ! la chapelle du martyre n'a pas trouvé grâce devant le marteau des démolisseurs de 93 ! et aujourd'hui une simple croix est le signe indiquant le lieu où tant de générations sont venues, tantôt isolément, tantôt en procession, s'agenouiller et prier avec confiance *la bonne mie*, comme appellent encore sainte Procule quelques bonnes anciennes de Gannat dans leur langage simple et naïf.

Je me trompe ; cette croix commémorative n'est pas si solitaire. A ses côtés et bien au-dessus d'elle le passant voit se dresser un témoignage de la foi du temps actuel.

Chaque année, quand arrive la fête de sainte Procule, des mains dévouées et animées par l'amour de la sainte se font un devoir de planter en son honneur un arbre orné de verdure, de fleurs et de rubans, qu'on appelle le *mai*. En élevant sa tête vers le ciel, il est chargé de porter jusqu'au trône de la Sainte les hommages de la paroisse et de la contrée. L'arbre bénit demeure là toute l'année, et quand il tombe pour faire place à un autre plus jeune et plus frais, il a encore une destination sainte, celle de porter quelques rayons de lumière et de chaleur dans l'âtre sombre et froid du pauvre.

C'est ainsi que le présent fait écho au passé ; et si le pélerin n'a plus la consolation d'entrer dans la chapelle qui rappelait le martyre de sainte Procule, quand il assiste à la procession de sa fête, qu'il voit le gracieux reposoir où est reçue la châsse des saintes reliques, qu'il entend les accents de triomphe lancés vers le ciel par notre fanfare et que l'airain sacré répond à l'airain des combats, il lui est facile de renouer la chaîne de la tradition et de reconnaître que les habitants de Gannat n'ont point abdiqué les sentiments de leurs pères envers leur auguste patronne.

II. La chapelle du martyre n'était pas la

seule que la foi de nos populations eût bâtie en l'honneur de sainte Procule. Nous savons que la fille des comtes de Rodez, fuyant le palais de son père, était venue se réfugier sur le territoire de Gannat.

« Là, entre deux montagnes couvertes alors d'arbres séculaires, se trouve une gorge profonde servant de lit et de barrière à un cours d'eau qui souvent de ruisseau calme et limpide devient torrent terrible et impétueux (1).

« C'est dans ce lieu solitaire que la jeune fugitive s'était arrêtée sans être effrayée de son aspect sauvage et de son aridité. N'aurait-elle pas pour abri la voûte des rochers, pour nourriture les herbes amères du sol et les fruits des arbres, pour boisson l'eau du torrent et pour lit de repos la mousse des pierres et les feuilles des bois ? En fallait-il davantage à celle qui avait quitté tous les biens pour suivre J.-C. pauvre et crucifié ! »

(1) Ce ruisseau est l'Andelot qui a sa source dans l'étang de Giat en Auvergne.

Dans ce désert Procule avait vécu, Procule s'était sanctifiée par la prière, la mortification et la méditation des œuvres de Dieu.

Voilà pourquoi ce lieu s'appelle le *pas de Sainte-Procule.*

Quoi de plus naturel que la piété des fidèles ait tenu à visiter cette solitude sanctifiée par les pas de celle qui est bien l'honneur et la gloire de ce pays ! quoi de plus naturel qu'elle ait songé à élever un oratoire à la place où Procule avait prié, sur le rocher qui lui servit de rempart et d'asile, sur la pierre où elle avait reposé sous l'œil de Dieu, comme l'enfant dans son berceau sous l'œil de sa mère ? » (1).

Cet oratoire est-il antérieur à 1635 ? Aucun document n'en fournit de preuve, mais nous savons par le mémoire de la famille Godemel qu'à cette date il en fut établi un, lequel, au dire du R. P. Constantin (2), fut

(1) Extrait çà et là de la brochure de l'abbé Cornil.

(2) Manuscrit de la Fabrique, p. 233.

rétabli quelques années avant 1714 par un ecclésiastique nommé *Jean Guiot*.

Cher à plus d'un titre aux habitants de Gannat, l'oratoire du Pas le devint davantage encore après les terribles inondations de l'Andelot du 30 août 1826 et du 11 juin 1827 (1). Les arbres des alentours avaient été déracinés et entraînés, le mur de façade renversé, la toiture mise à nu. Seule la statue de sainte Procule était demeurée debout et intacte sur son piédestal, Dieu ayant voulu que l'ouragan et les eaux respectassent l'image de sa fidèle servante. Il n'y eût qu'une voix dans la ville pour interpréter ainsi cet événement et qu'un cri d'enthousiasme en l'honneur de sainte Procule. Le clergé songeait à aller solennellement et en procession prendre la statue préservée et lui offrir dans l'église un asile plus sûr en attendant les réparations de son oratoire ; mais déjà le zèle plus généreux qu'éclairé

(1) Etait alors sous-préfet de Gannat M. Arnaud de la Ronzière et maire, le chevalier de Bar.

d'un brave plâtrier (1) avait pris les devants et il avait apporté lui-même le précieux fardeau au vénérable curé de Sainte-Croix, M. Escot, qui tout en louant son bon sentiment lui reprocha doucement de ne l'avoir pas consulté. Force donc fut de renvoyer à plus tard les témoignages publics de la joie et du respect de la paroisse.

Ils se manifestèrent avec éclat lorsque la sainte image fut reportée à son ancien séjour et des témoins oculaires nous ont rapporté que jamais depuis on ne vit pareille affluence à aucune de ses processions.

Quoiqu'il en soit, c'est à cette chapelle du Pas que les habitants de Gannat aiment encore à aller en pélerinage. Chaque année, au matin des beaux jours de juin et de juillet, on voit de petits groupes prendre le chemin de la sainte montagne. Quel est ce bruit de voix? quels sont ces cris joyeux mêlés au murmure du ruisseau, au chant des oiseaux, au bruissement des feuilles

---

(1) Ce plâtrier se nommait Raineri.

agitées par la brise matinale? En arrivant,
je reconnais les représentants de chaque
quartier de la ville ou des hameaux voisins
accourus à la messe qui va se dire pour
eux ; et, en attendant l'heure, les enfants
prennent leurs ébats et les parents, heureux de leur joie, déposent sur l'herbe les
provisions du déjeûner champêtre promis
à leur sagesse ou préparent avec les fleurs
de l'hermitage le bouquet qu'ils rapporteront avec bonheur à la maison, comme un
pieux souvenir ou un gage de bénédiction.
Qui oserait dire qu'ils n'ont pas raison?

CHAPITRE VII.

CONFRÉRIE DE SAINTE-PROCULE.

———

On appelle *confrérie* une société de plusieurs personnes associées pour honorer particulièrement un mystère ou un saint par les mêmes exercices de piété et de charité.

Se mettre d'une confrérie, c'est faire profession publique d'honorer le mystère où le saint qui en est l'objet.

Les habitants de Gannat s'empressèrent de témoigner leur dévotion à sainte Procule en se rangeant sous sa bannière et en formant une confrérie en son honneur.

Les premiers confrères furent les bouchers ; sans doute pour réparer par leurs hommages et leur service les injures qu'elle en avait reçues lorsqu'elle avait traversé leur quartier en portant sa tête.

On sait déjà que la sainte avait été l'objet de leurs railleries ; qu'ils l'avaient montrée du doigt, traitée de magicienne et chargée de malédictions.

On sait de plus que la punition ne s'était pas fait attendre.

Aussi, à la vue de ces coups de la vengeance divine, les coupables et leurs descendants, reconnaissant leur faute et celle de leurs pères, furent-ils les premiers à se déclarer par état et par profession les serviteurs de la sainte en formant une confrérie qu'ils ont toujours entretenue en son honneur, et « de nos jours (1714), dit le R. P. Constantin (p. 235) ils sont encore les dépositaires des ornements des chapelles qui lui sont consacrées, et ont soin, comme des serviteurs fidèles, de les tenir propres et dans la décence qui est due à cette grande sainte. »

Un registre de la confrérie de Sainte-Procule est entre les mains de M. Bonneton, ancien président du tribunal de Gannat. M. Antoine Combe (de Combes), curé de Sainte-Croix, y figure comme confrère de Sainte-Procule jusqu'en 1679.

Il paraît cependant que cette première confrérie, que le R. P. Constantin fait remonter aux années voisines du temps de son martyre, avait par la suite perdu de sa première ferveur et de son ancien éclat puisqu'en 1705 on sentit le besoin de la restaurer.

Ce furent les habitants qui en prirent l'initiative, comme le constate l'extrait (1) de la délibération de leur assemblée.

« *Extrait de l'acte délibératoire des habitants de la ville de Gannat.* — Assemblée tenue devant nous, Pierre de Reymond, sieur de la Remonerie, conseiller du Roy, maire perpétuel, lieutenant général de police, Philibert Marcellin, conseiller du Roy, lieutenant de maire,

---

(1) Cet extrait est conservé dans les archives de la Fabrique de Gannat.

« Marien Couchonnat, conseiller du Roy, premier échevin et consul honoraire,

« Gilbert Faure, Claude Rabusson, Antoine Lamotte,

« Et Jean Guérignon, consul de l'année présente,

« En présence de M° Claude Bataille, substitut du Procureur du Roy de la communauté des habitants de Gannat, assisté des personnes de M° Henri Guiard, M° Antoine Charles, docteur, M° Jean Mollet, M° François de Beauvais, etc., et plusieurs autres au nombre de plus de deux cents,

« Aux quels nous avons remontré que plusieurs des plus notables habitants se sont plaints de ce que depuis environ trente ans on s'est beaucoup relâché de la solennité avec laquelle on célébrait la fête de sainte Procule qui a toujours été regardée comme la patronne de cette ville, et nous ont fait connaître qu'avant ce temps-là on ne travaillait point le jour de la fête, comme font encore quelques particuliers, et qu'on faisait l'office si solennellement que les curés des paroisses voisines et les musiciens de la ville de Riom y étaient appelés et s'y trouvaient ordinairement, et que le moyen le plus assuré pour remettre cette fête dans sa première splendeur est de rétablir l'ancienne confrérie à l'honneur de la dite sainte, dont les fonds seront employés tant en ornements qu'aux frais de l'office qui sera fait avec toute la solennité possible y ayant même déjà des personnes qui offrent des fonds assez considérables pour faciliter le dit établissement ;

« Et que, comme nous sommes très convaincu des grâces qu'ils ont souvent obtenues du ciel par l'intercession de cette glorieuse sainte, nous nous persuadons qu'ils approuveront tous un si louable dessin, leur *assurant* que nous n'oublierons rien de notre part pour mettre à exécution leur délibération.

« Sur quoy tous les dits habitants, pour témoigner le zelle et la dévotion particulière avec la quelle ils souhaitent rendre leurs devoirs à sainte Procule,

« Ont délibéré et unanimement été d'avis
que l'on *travaillerait incessamment à l'établissement de la dite confrérie*, et, comme
il ne se peut faire que du consentement des
vénérables prestres, curés et communalistes de cette ville, et qu'ils souhaitent
engager les officiers de justice et les magistrats à entrer dans leur pieux dessein, ils
ont prié les d. sieurs officiers de ville de
voir les chefs de chaque corps pour les supplier de *nommer entre eux* telle personne
qu'ils aviseront *pour assister* conjointement avec nous et Mᵉ Antoine Charles,
conseiller, médecin du Roy, Mᵉ Jacques
Couchonnat, conseiller du Roy et son Procureur en la police, Mᵉ Claude Griveau,
notaire, et Mᵉ Henri Guyard, qu'ils ont
nommés et choisis pour *se trouver* à l'assemblée qui se fera avec les vénérables
curé et prestres qui auront été aussy choisis d'entre eux au jour et heure qui sera
convenu pour *exiger* des statuts qui *seront
portés à une autre assemblée de ville* pour

y être approuvés avant la célébration de la fête,

« *De la quelle délibération nous, maire sus dit, avons donné acte au procureur du Roy de la communauté, ce requérant pour servir et valloir ce que de raison,* le 14 juin mil sept cent cinq.

« Signé : Reymond, Marcellin, Couchonnat, Faure, Bataille. »

On voit par cette délibération : 1° que l'établissement de la confrérie fut décidé ; 2° que des commissaires furent nommés pour assister à l'assemblée qui devait, avec le curé de Sainte-Croix et les délégués des communalistes, rédiger les statuts ; 3° que ces statuts devaient être portés devant une autre assemblée de ville pour y être approuvés.

L'assemblée des commissaires délégués eut lieu le 28 juin. Celle de ville eut lieu le 29. Voici l'extrait de sa délibération :

« Assemblée tenue devant nous, Pierre de Reymond, sieur de la Remonerie, conseiller du Roy, maire perpétuel, lieutenant général de police,

« Philibert Marcellin, conseiller du Roy, lieutenant de maire,

« Marien Couchonnat, conseiller du Roy, premier échevin et consul honoraire,

« En présence de M° Claude Bataille, substitut du procureur du Roy,

« Assisté des personnes de M° Claude Griveaud, M° Gilbert Pitat, M° Noël Mercier, M° Antoine Hennequin, M° François de Beauvais, M° Jean Cheminat, M° Etienne Martin, M° François Battandier, Gilbert Faucher, M° Jacques Bertrand, M° Etienne Faucher, M° Etienne Lostriat, M° Etienne Courtel, Paul Pitat, Quintien Clair, Annet de Courtel, Antoine Martin, Pierre Lavadoux, M° Claude Orcel, Jean Durif, Antoine Bourdichon, Pierre Lebel, Antoine Juniet, François Fournier, François Boiry, Claude Goy, Claude Chevarier, François Larset, Claude Chevarrier, Claude Aimond et plusieurs autres habitants tant de la ville que des faubourgs, tous assemblés dans l'hôtel de ville, à la manière accoutumée,

« Aux quels nous maire susd. avons remontré qu'en exécution de l'acte délibératoire du 14 juin, présent mois, les députés, tant de leur part que des vénérables prestres de la communauté de Sainte-Croix de Gannat, s'assemblèrent le jour d'hier pour délibérer des moyens les plus convenables au *rétablissement* de la confrérie générale qu'ils ont dessein de rétablir en cette ville, à l'honneur de sainte Procule, et que, après avoir examiné entre eux les moyens les plus sûrs pour y parvenir, ils, sont convenus d'un projet de statuts qu'il *est à propos d'examiner avant que de les porter à Mgr l'Evesque pour les faire approuver.*

« Des quels ayant fait faire lecture par notre secrétaire, et après que la teneur des dits statuts a été sérieusement examinée par les d. habitants, ils les ont tous unanimement trouvés conformes à leur dessein et intention, et ayant rien trouvé qu'ils ne souhaitent être exécuté, ils ont pour cet effet prié le dit sieur Maire de voulloir se transporter en la ville de Clermont avec un de Messieurs les prêtres de la dite communauté de Sainte-Croix de la ville de Gannat pour supplier très humblement Sa Grandeur de leur permettre de rétablir la ditte confrérie, et *ordonner* que les d. statuts seront exécutés suivant leur forme et teneur, au cas qu'il soit ainsy jugé à propos par le Conseil qu'ils prendront, leur donnant tout pouvoir d'augmenter ou diminuer, et *ont permis au dit sieur Maire de prendre de l'argent sur leurs deniers communs, où il s'en trouvera, pour fournir aux frais de son voyage et de celui du prestre de la communauté qui sera député, promettant d'avouer le tout aux fermiers, en rapportant son récépissé.*

« Des quelles délibérations nous Maire sus d. avons octroyé acte au substitut du procureur du Roy de la ditte communauté, luy ce requérant pour tous les habitants, le vingt-neuf juin mil sept cent cinq.

« Signé : *Reymond, Marcellin, Couchonnat, Bataille.* »

En conséquence de cette délibération les communalistes se réunissent le 2 juillet pour désigner un d'entre eux qui devrait accompagner le maire de Gannat auprès de Mgr l'évêque de Clermont. Ce fut M⁰ Cheminat, le jeune, qui fut choisi, comme en fait foi l'acte capitulaire suivant :

« *Extrait du registre des actes capitu-
laires de la communauté de Sainte-Croix
de Gannat.*

« Aujourd'hui, deuxième juillet 1705, MM. Rabusson layné (aîné), Bertrand le jeune, Franconin Rabusson le plus jeune, Cheminat laîné et Cheminat le jeune, tous prestres communalistes de Sainte-Croix de Gannat, *capitulairement* assemblés au son de la cloche, avant la grand'messe, dans la sacristie, lieu ordinaire de leur chapit-
tre à la diligence de M. Rabusson layné, chantre de ladite église,

« Qui leur a présenté un mémoire de la part de MM. les habitants de cette ville contenant plusieurs propositions touchant la fête de Sainte-Procule, leur patronne, qu'ils souhaitent être célébrée avec plus de solennité qu'à l'ordinaire.

« Après avoir fait lecture, pris communication dudit mémoire et en avoir examiné tous les articles et les propositions,

« Les susd. capitulans, pour seconder le pieux et louable dessein de Messieurs les habitans et témoigner qu'ils veullent bien de leur part contribuer, en tout ce qu'ils pourront, à la ditte solennité et à l'exécution du projet qu'on leur a présenté et des propositions qu'on leur a faitte à cette fin, ils ont unanimement conclud d'en *envoyer un de la compagnie à Clermont* et ont pour cet effet *député M⁰ Cheminat le jeune* pour *consulter* M. Court, vicaire général de Mgr l'Evesque et M. Gasché, avocat de la communauté, pour, suivant leur conseil, ajouter ou diminuer dans le dit mémoire ce qu'ils jugeront à propos pour la plus grande gloire de Dieu, l'honneur et le culte particulier de sainte Proculle et l'édification des peuples, et qu'il n'y ait rien aussi contre *les droits et privilèges de la communauté.*

« Ainsi fait et délibéré le dit jour et an que dessus.

« Signé : *Rabusson Layné,* chantre, et Franconin de Rouzat, secrétaire. »

Le maire de Gannat et Cheminat le jeune partirent donc pour Clermont. Ils étaient porteurs d'une supplique ainsi conçue :

« A Monseigneur, Mgr l'Illustrissime et Révérendissime Evesque de Clermont (1).

« Monseigneur,

« Supplient humblement les maire, lieutenant de maire, consuls et habitans de la ville de Gannat,

« Disant qu'ils ont formé le dessein d'honnorer plus particulièrement sainte Proculle leur illustre patronne, par l'intercession de laquelle ils reçoivent tous les jours des grâces et de renouveler une

---

(1) C'était alors François Bochard de Sarron (1692-1715).

ancienne confrérie établie parmy eux de temps immémoriale, la quelle a été discontinuée par négligence et les statuts mal observés.

« Ils ont député le sieur de la Remonnerie, maire et lieutenant genneral de pollice de la ditte ville, *par actes délibératoires des 14 et 29 du mois de juin dernier* pour vous présenter les d. statuts et vous donner la présente requette,

« A ce qu'il vous plaise, Monseigneur, vu les raisons cy dessus et autres qu'il plaira à Votre Grandeur,

« Suppléer de droit les actes délibératoires de la ditte ville cy dessus dattés ; l'acte capitulaire des d. vénérables curés et prestre du 2 du présent mois, et les statuts cy attachés ;

« Permettre aux suppliants de renouveler la ditte confrérie ;

« Ordonner que la ditte feste de Sainte-Proculle sera chaumée par tous les habitans de la ditte ville et faubourgs le neuvième juillet, jour de la translation de ses reliques, et les statuts observés par tous les confrères.

« Ils seront obligés de prier Dieu pour la prospérité et santé de Votre Grandeur.

« Reymond de la Remonerie. »

L'autorité ecclésiastique accueillit favorablement cette requête et approuva ce qui en faisait l'objet par une ordonnance du 3 juillet sous la signature J. Court, vicaire général :

« Veu la requeste cy dessus, et les actes délibératoires de la ville de Gannat y énoncés.

« Autre acte capitulaire des vénérables curé et autres prestres communalistes de Sainte-Croix de Gannat du 2ᵐᵉ du présent mois tendant aux mêmes fins que la présente requeste.

« Les statuts de la ditte confrérie faits de concert entre les habitans du dit Gannat et les curé et communalistes de la paroisse de Sainte-Croix, contenus en cinq pages par nous paraphées et signées *ne varietur,* aux quels nous avons donné notre approbation ;

« Nous, voulant contribuer de notre pouvoir à la gloire de Dieu et à honorer sainte Proculle, protectrice de la ditte ville de Gannat,

« Après nous être instruit de la vérité des faits énoncés tant dans les d. actes délibératoires que dans la présente requeste,

« Après avoir conféré et examiné le tout avec Messieurs les députés de la ville de Gannat et de la communauté des prestres du dit lieu,

« *Ordonnons* que la feste de sainte Proculle sera chaumée dans la ditte ville de Gannat,

« *Consentons* que la ditte confrérie soit *rétablie*, et que les d. statuts soient observés, *à condition* néanmoins que *les Bailes* de la ditte confrérie ni *aucuns des confrères* ne pourront *faire aucun repas entr'eux à l'occasion de la ditte feste et de la ditte confrérie et qu'il n'y aura aucuns divertis-*

sements, jeux, danses ni autre chose pro-
phane,

« *Ordonnons* aux d. curés et prestres de
Sainte-Croix de nous *avertir* des contraven-
tions, leur *enjoignant* de cesser toutes
sortes d'offices pour la ditte confrérie, en
cas qu'il y eût quelqu'apparence de semblables divertissements et prophanations,

« Et ce aux peines portées par les ordon-
nances de ce diocèse au sujet des fêtes
baladoires.

« *Donné à Clermont, dans le palais épis-*
copal ce troisième juillet mil sept cent
cinq.

« Signé : J. Court, vicaire général. »

Les statuts ainsi approuvés étaient ceux-
ci ; ils avaient été rédigés par l'assemblée
des délégués le 28 juin :

« Le dessein des habitans de la ville de
Gannat étant d'honnorer plus particulièrement Sainte Proculle, leur patronne, ou
pour mieux dire, renouveler l'ancienne dévotion que leurs prédécesseurs ont toujours

eue pour elle, ils ont été d'avis de renou-
veller l'ancienne confrérie établie dans
la ditte ville en son honneur, et, pour y
parvenir, de s'adresser incessamment à
Monseigneur l'Evêque de Clermont pour
supplier très humblement Sa Grandeur
d'approuver leur pieux dessein, et lui présenter ces statuts qui ont été anciennement
observés.

« Premièrement ils prient mon dit Seigneur de vouloir ordonner que la feste soit
chaumée le jour qu'on la célébrera, qui sera
le neuvième juillet, jour de la translation
des précieuses reliques de la ditte sainte,
ainsi qu'il était autrefois observé.

« Pour rendre la ditte confrérie plus
célèbre, tous ceux qui auront la dévotion
de s'y enroller tant de la ville qu'étrangers,
de l'un et de l'autre sexe, y seront reçus,
pourvu qu'ils soient d'une vie exemplaire,
et ceux qui auront été reçus en seront
chassés s'ils causent du scandalle.

« La ditte confrérie sera administrée par
4 bailles dont les deux premiers seront du

corps de la communauté de Messieurs les prestres de Sainte-Croix, suivant leur ancien usage auquel il ne sera rien innové et sans que la ditte confrérie puisse rien prétendre de ce que les bailles de la ditte communauté ont perçu cy devant ny à l'avenir en remplissant par eux leurs charges ordinaires ; et les autres deux bailles laïques seront choisis chacun an par l'assemblée généralle de tous les confrères, au son de la cloche de Sainte-Proculle, qui se tiendra le soir du jour de la ditte feste à l'hôtel de ville aussy bien que toutes les autres assemblées générales et particulières.

« Les dits quatre Bailles recevront les dons de chaque confrère qui y sera reçu, qui ne pourra être moindre que de *cinq sols,* pour subvenir aux frais de la ditte confrérie ; et seront les d. dons avec les autres bienfaits déposés dans un coffre à deux clefs, dont l'une sera entre les mains de *l'ancien* des bailles de Messieurs de Sainte-Croix, et l'autre entre celles d'un

des deux bailles nommés par les confrères.

« Ils recevront aussy la rétribution des
messes de dévotion pour les faire dire à
Messieurs de la dite communauté de Sainte-
Croix, à tour de rolle, suivant l'état qu'ils
rapporteront en rendant compte à la fin de
chaque année.

« Les bienfaits de la ditte confrérie
seront employés suivant l'intention des
donateurs ; et quand ils ne les désigneront
pas spécialement, ils seront réputés appar-
tenir à la ditte confrérie, pour employ en
être fait suivant la destination de l'assemblée généralle des confrères et toujours en
ornements ou autres œuvres pieuses.

« Les comptes des bailles seront rendus
en présence de M. le curé de Sainte-Croix
qui sera présent dans toutes les assemblées
et présidera, et de M. le sindic de la ditte
communauté, des anciens et nouveaux
bailles et de ceux qui ont droit d'y assister.

« Les Bailles feront dire une messe

basse à l'honneur de sainte Proculle tous les lundis de chaque semaine, à 8 heures, à l'autel qui est sous la tribune à côté gauche du chœur, lequel a été choisi pour cet effet.

« Les susdits Baisles seront encore tenus de faire dire une messe basse au même autel pour le repos de l'âme de chaque confrère qui décédera, de faire avertir les parents du défunt afin qu'ils y assistent s'ils veulent, et s'adresseront au distributeur de la ditte communauté pour désigner le prestre qui sera en rang auquel sera donné sept sols six deniers pour chaque messe.

« Le jour de la feste de la ditte sainte, Messieurs de la communauté diront une grande messe pour la confrérie, au *maître autel*, à l'issue de la messe de la ditte communauté avec diacre et sous-diacre, et toute la solennité possible célébrée par la distribution en rang comme aux autres confréries.

« On ira ensuite en procession, en chappe, à la chapelle de Sainte-Procule près les Augustins et revenant par le même chemin jusqu'à la Grande-Rue on continuera autour de la ville comme on fait le jour de Saint-Sébastien et le lendemain une grande messe de *requiem* avec diacre et sous-diacre et quatre chappiers, pour raison de quoi il sera payé la somme de quinze livres.

« On priera les R. P. Augustins et Capucins d'assister à la ditte procession et pour leur assistance on payera à chaque corps la somme de trois livres.

« La châsse des reliques y sera portée sous un dais autant magnifique qu'on le pourra faire et on suppliera très humblement Monseigneur l'Evesque de permettre que le dit dais soit porté par quatre des plus notables confrères, lesquels seront choisis et nommés par l'assemblée gennéralle qui en sera faite le jour de la Bannière.

« Les deux Baisles qui accompagneront
la ditte châsse ayant chacun un flambeau
de cire blanche en main et celui qui aura
été reçu pour être le premier des confrères
pour une année marcheront seul immé-
diatement après les religieux et avant la
croix.

« Et parce que les bouchers de cette ville
ont de tout temps honnoré la fête du mar-
tire et de la translation de sainte Procule et qu'il est juste qu'on leur en témoigne reconnaissance, ils seront sensés
être confrères et être déjà enrollés sans
payer aucune rétribution la première
année, et *deux de leurs anciens confrères
auront l'honneur de marcher à côté de la
châsse* des dittes reliques avec chacun un
flambeau de cire blanche, et *immédiate-
ment après les d. Baisles*, et pourront faire
dire une messe en leur particulier à la chapelle de Sainte-Proculle, près les Augustins, le jour de la feste de la ditte sainte.

« Il y aura prédication ; le prédicateur

sera choisi par l'assemblée des confrères et aura *3 livres*.

« La marche de ladite procession se fera ainsi qu'elle fut pratiquée lors de la translation des saintes reliques.

« Pour l'assemblée des confrères et messe basse célébrée à l'autel de la dite confrérie, on sonnera la cloche de Sainte-Proculle.

« Tous les articles des présents statuts seront observés régulièrement, et en cas que la ditte confrérie vienne à manquer Messieurs les prestres de la communauté l'administreront comme cy devant. »

Au bas de la copie des statuts on lit la mention suivante :

« Nous avons approuvé et approuvons ces statuts cy dessus pour les confrères de la confrérie de Sainte-Proculle de Gannat ;

« Ordonnons qu'ils seront exécutés par tous les confrères et que ceux qui ne voudront pas s'y soumettre seront chassés de la dite confrérie.

« *Fait à Clermont, dans le palais épis-
copal, le troisième juillet mil sept cent
cinq.*

« Signé : *J. Court, vicaire général.* »

A la lecture de ces pièces, on ne sait
vraiment ce qu'il faut le plus admirer de la
pieuse émulation entre les notables, le
peuple et le clergé, ou du soin plein de dé-
férence à observer les prescriptions du
droit canonique. C'est ainsi que les fidèles
expriment d'abord le désir de voir rétablir
la confrérie de Sainte-Procule ; ensuite
l'autorité religieuse locale approuve, et
enfin l'Evêque ratifie et rend exécutoire ce
qui est soumis à sa décision souveraine.

Oh ! qu'il serait à souhaiter que cette
bonne entente entre les divers ordres de la
société ne fût jamais méconnue ! Quels
fruits de concorde et de paix en résulte-
raient pour l'avantage et le bonheur de
tous !

Les habitants de Gannat et leurs voisins,
témoins chaque année de la solennité dé-

ployée pour célébrer la fête de sainte Procule rendront au moins à leur clergé le témoignage qu'il est demeuré fidèle à l'antique tradition et qu'il ne demanderait pas mieux que de voir combler la lacune faite par le relâchement et le respect humain de nos mauvais jours.

CHAPITRE VIII.

DES PROCESSIONS EN L'HONNEUR DE SAINTE PROCULE.

On entend par procession une marche solennelle du clergé et du peuple qui se fait dans l'intérieur de l'église ou au dehors en chantant des hymnes, des psaumes ou des litanies.

L'histoire sainte nous parle des marches solennelles qui se sont faites pour transporter l'arche d'alliance d'un lieu à un autre.

C'étaient de vraies processions, et Dieu lui-même avait réglé l'ordre de la plus ancienne de toutes.

On était dans le désert, et Moïse condui-

sait le peuple hébreux vers la terre promise.

Durant la marche l'arche occupait le
centre ; trois tribus devaient la précéder,
trois la suivre, trois marcher à sa droite,
trois à sa gauche, et les lévites et les officiers du sanctuaire porter les ornements
sacrés. Chaque compagnie avait son en-
seigne déployée et deux trompettes d'argent donnaient le signal et marquaient le
pas *(au livre des nombres).*

Il y eut encore procession lorsque David
transporta l'arche de la maison d'Obédédon
dans la citadelle de Sion. Tout le peuple
avait été convoqué. Le roi fit choix des
plus illustres pour les ranger autour du
temple portatif qui était regardé comme le
palladium de la nation. Lui-même, revêtu
d'un Ephod (1), marchait en tête et était
suivi de sept chœurs de musiciens aux voix
et aux instruments desquels il unissait les
sentiments de son cœur, les accompagnant

(1) C'était une espèce de camail ou de rochet.

en cadence des mouvements de son corps.
II l. des Rois, ch. VI.

La troisième procession eut lieu après que Salomon eut achevé le fameux temple bâti par lui à la gloire du Très-Haut. De la montagne et de la citadelle de Sion il fit transporter l'arche dans le sanctuaire. Le roi Salomon et tout le peuple qui était assemblé auprès de lui marchaient devant elle, et elle fut déposée dans le *Saint des Saints ; Rois, l. III, ch. VIII.*

Les chrétiens, s'inspirant de ces souvenirs, firent de même à la translation des reliques des martyrs et des saints. C'est ainsi qu'une procession fut faite lors de l'invention du corps de saint Etienne et du transport de ses restes du bourg de Caphargamala à l'église de Sion, à Jérusalem.

Dans la suite on a fait des processions pour implorer la miséricorde de Dieu dans les temps de calamités, ou pour demander quelque grâce particulière. Telle est l'origine des processions des *Rogations,* du *Jubilé,* etc.

Mais aucune n'est plus célèbre et plus solennelle que celle de la Fête-Dieu. N'est-ce pas de toute justice ? puisque c'est Dieu lui-même qui est porté en triomphe à travers nos rues et nos places publiques. Ne faut-il pas que ses enfants lui fassent un cortège plus nombreux et plus brillant ?

Or qui ne saisit les enseignements donnés par nos processions religieuses ? L'homme est un voyageur en route vers l'éternité. Il a besoin, durant ce pélerinage, tout plein de fatigues et de dangers, d'un guide et d'un secours. Le guide, c'est J.-C., dont l'image précède les longues files des fidèles rangés en procession ; le secours, ce sont les exemples et les prières des saints, nos modèles et nos amis. Aussi la bannière de la douce mère des hommes, celles des saints patrons de la paroisse et des confréries, portées entre le ciel et la terre se déploient-elles aux regards de tous comme pour nous dire : « Frères bien-aimés, regardez, marchez sur nos traces, et comme nous vous arriverez à la terre promise, à la véritable patrie où il n'y aura plus ni fatigues, ni combats, ni tristesse, mais le repos, la jouissance et le bonheur. »

Aussi, remarque le R. P. Constantin dans son manuscrit, Messieurs les prêtres de Sainte-Croix font-ils trois sortes de processions où l'on porte la châsse renfermant les reliques de sainte Procule, comme une autre arche d'alliance.

Est-on menacé de quelque danger ? Aussitôt la cloche se fait entendre. « Oh ! se disent les fidèles, on va sortir la sainte châsse ou la bannière de Sainte-Procule pour la porter dans l'une de ses chapelles »; et le peuple se précipite à l'église et les confrères prennent leur rang d'honneur.

Autrefois il se faisait une autre procession le 13 octobre. C'était pour honorer la mémoire du martyre de la patronne de Gannat. Elle était plus solennelle que la première, le concours y était plus grand, la marche mieux ordonnée, les cérémonies plus augustes.

Mais la troisième surpassait les deux autres par sa magnificence. C'était celle du 9 juillet (1) pour rappeler la translation de ses reliques en 1621, comme nous l'avons rapporté au chapitre IV.

La description de celle qui fut faite en cette année mémorable nous a été fidèlement conservée et nous sommes heureux de la reproduire. Le lecteur y admirera la foi vive et confiante de ces heureux temps et plusieurs familles du pays y retrouveront leur nom parmi les assistants ou les officiants.

Au premier rang était le *maistre d'eschole* avec ses *escholiers,* chantant les litanies de la Vierge.

Au second marchait la bannière de Sainte-Procule, suivie de tous les bouchers avec leurs torches allumées *en main et de deux en deux.*

____

(1) Autrefois la fête du 9 juillet était chômée et ne se renvoyait pas au dimanche comme aujourd'hui.

Au troisième *estaient* les Pères Capucins au nombre de neuf avec leur croix.

Au quatrième *estaient* les Pères Augustins avec leur croix et *Frère Blaise Pelletier*, docteur en théologie de la Faculté de Paris, *leur prieur* et *curé de Saint-Estienne*.

Au cinquième *estaient* les châsses et reliquaires qu'entouraient quatre jeunes enfants habillés en anges et deux groupes de six jeunes filles.

Les premiers étaient :

Noble Gaspard de Bayard, fils de Claude, sieur de Marsat et Langlard ;

Antoine Ferrand, fils du dit sieur Ferrand, lieutenant général ;

Antoine Prieur, fils à Jean, receveur des tailles au dit Gannat.

Jean Bost, fils à Etienne, boulanger au dit lieu.

L'un des groupes de jeunes filles *honnestement habillées* se composait de :

Anne Haraud ;

Françoise Charles;

Anne Ribaud ;

Gilberte Faucher ;

Claudine Cournon ;

Gilberte Champagnat.

L'autre groupe, formé de six jeunes *pucelles vestues de blanc, voilées et marchant pieds nus en façon de pénitentes*, se composait de :

Etiennette Faucher, fille à Gilbert dit Lorange ;

Antoinette Faure ;

Catherine Rabusson ;

Gilberte Seignière ;

Françoise Rabusson ;

Gabrielle Faucher.

La statue de la sainte, d'argent doré, était portée par les dits sieurs Chevarier et Challiet.

La châsse d'argent où l'on venait de mettre les reliques était portée par les dits sieurs Pierre Berrier et Jean Touraud.

La grande croix par Gilbert Guyot et l'*asperges* par Antoine Aprest.

11

Devant eux marchaient Antoine Martinot et Pierre Bataille, bedeaux et bastonniers de l'église, et les enfants de chœur, qui étaient Bonnet Vidal, leur maître; Pierre Bernard, Amable Delarue, Antoine Bost, Jean Croiset.

Au sixième rang, le sieur Ronchaud, curé, assisté de tous les prêtres de la communauté de Sainte-Croix, revêtus de chappes et portant leurs bourdons, et le grand chantre, le bâton de sa dignité.

Au septième, Messieurs de la justice avec leurs huissiers, les consuls et autres principaux bourgeois.

Au huitième rang était le reste du peuple tant du dit lieu qu'étrangers qu'on jugea *estre au nombre de cinq à six mil personnes.*

Le retour de la procession, au dire du R. P. Constantin (p. 181), fut encore plus admirable et plus solennel; car outre les chantres et la musique il y eut des joueurs d'instruments, violons, basses, bassons et aubois dont *l'harmonie faisait de la terre un ciel*.

Enfin on arrive sous la halle (1) où on avait dressé un théâtre pour mettre et *reposer les châsses et reliquaires ;* il y avait à côté une chaire pour le prédicateur. Ce fut le père Jean Antoine de Grenoble, capucin, qui porta la parole. Il fit une *docte prédication sur la vénération des reliques.* Après quoi on rentra dans l'église Sainte-Croix où on rendit grâces à Dieu en chantant un *Te Deum* et divers morceaux en musique ; et demeura la châsse d'argent ouverte *depuis mydy jusqu'à environ sept heures du soir du susdit jour et an, afin qu'on pût voir les dittes reliques,*

Pendant le quel temps elles furent gardées par les vénérables Messieurs Gilbert Maraud, Pierre Barrier, Jean Tourraud, prestres,

(1) Il y avait alors sur la place appelée de nos jours place Hennequin une halle couverte.

Et par *Messieurs Blaize Raugier, Annet Simonot et Gilbert Mayame, fabriciens et marguilliers de l'église Sainte-Croix,*

Et par quatre bourgeois *armés d'halbardes* (1).

Les quelles solennités et dévotions accomplies, *remirent les dittes reliques et reliquaires dans leur tabernacle... avec les titres, indulgences et enseignements pour servir à perpétuelle mémoire à la postérité. Ainsi est l'original.*

Ronchaud, curé de Gannat, Arnoux, Berrier, du Croy, chantre, Pelletier, curé de Saint-Etienne, Guyot, Coëffier, Caillet, Tourraud, Chevarier, Vray, Apprest, Ferrand, Cournon et autres susnommés audit verbal le d. jour et an.

Le R. P. Constantin fait suivre cette description de l'observation suivante, p. 182 :

« On célébre cette translation avec grande

____

(1) Extrait du manuscrit du R. P. Constantin et d'un cahier de la Fabrique.

solennité dans l'église Sainte-Croix le neuvième juillet. Il s'y fait un grand concours de peuple, persuadé qu'on est de la puissante intercession de cette grande sainte. »

A part la date qui n'est plus le 9 juillet mais le dimanche qui le suit, cette observation est vraie encore de nos jours. Ceux qui sont témoins de la procession de la fête patronale peuvent rendre témoignage de la pompe qui y est déployée, du concours qui s'y fait, de la part qu'y prennent avec empressement et zèle le clergé de la paroisse, du canton et des environs, les habitants de Gannat heureux de contribuer à dresser le gracieux reposoir et les autels destinés à recevoir la statue et les reliques, notre fanfare qui réserve pour ce jour-là ses plus beaux morceaux, enfin notre administration municipale qui pavoise les avenues de notre ville et annonce par le son du canon la fête de sa patronne et le passage de la procession.

Honneur à cette administration sage et bienveillante qui, tenant compte des vœux d'une population croyante, a su garder nos vieilles traditions !

Et daigne sainte Procule l'en bénir et l'en récompenser !

CHAPITRE IX.

CULTE DE SAINTE PROCULE A RODEZ.

Nous avons dit précédemment qu'à notre arrivée à Gannat il nous avait été fait plusieurs objections relativement à l'existence de sainte Procule.

Une de ces objections était qu'à Rodez, son propre pays, elle était inconnue. « C'était un voyageur du Rouergue qui l'avait dit ; c'était une fille d'un âge mûr, etc. »

Le lecteur pense bien que nous acceptions ces assertions sous bénéfice d'inventaire, persuadé que nous étions qu'on ne s'adresse pas à un architecte pour avoir l'interprétation d'une loi, ni à un avocat pour bâtir, ni à un ignorant pour apprendre.

Mais il fallait faire cet inventaire historique et consulter qui de droit. Nous l'avons fait ; et il résulte de nos recherches que sainte Procule est parfaitement connue à Rodez des personnes instruites et honorée publiquement par les personnes pieuses. Voici nos preuves :

Si le lecteur avait oublié ce que nous avons dit au chapitre IV, nous le lui rappellerions en peu de mots.

En 1673 les habitants de Rodez avaient envoyé à Gannat une députation pour demander une relique insigne de sainte Procule qu'ils reconnaissaient pour leur compatriote. Ces députés étaient Messires Jean, prêtre de l'église 'et fraternité de Saint-Amans, et Emelran, consul de la ville de Rodez. Comme on le voit, ce n'était pas les premiers venus. Ils avaient reçu à Gannat le meilleur accueil et les plus encourageantes promesses.

C'est sur ces promesses que Messire

Monmaton, curé de Saint-Amans, réunit Messieurs les communalistes à l'effet de déléguer deux d'entre eux pour porter à Gannat, avec l'autorisation de Mgr Gabriel de Voyer de Paulmy, une relique de Saint-Naamas, et de recevoir la relique promise. Les délégués furent Antoine Majorel et Serres.

Ils firent leur présent à Gannat et reçurent en échange la relique de sainte Procule. C'était l'os du bras appelé *cubitus*.

Elle leur fut remise le 7 août 1673. Le précieux dépôt fut accompagné processionnellement jusqu'à la sortie de la ville, et, après de mutuels remerciements et félicitations, les voyageurs continuèrent leur route. Arrivés à trois lieues de Rodez, ils donnèrent avis de leur retour aux habitants, comme il avait été convenu, et l'on vint à leur rencontre en procession. La relique fut reçue à une lieue de la ville. Elle y entra au bruit *des aubois, des tambours et des trompettes, au son des cloches et parmi les*

applaudissements et les acclamations pu-
bliques.

Les manuscrits de Rodez conservent le récit de cet événement. Sainte Procule était donc connue dans son pays en 1673.

Elle y était connue en 1795. Dans un avant-propos du manuscrit de l'évêché de Rodez, il est dit qu'on avait placé, à cette époque, dans le chœur de la cathédrale, près du sanctuaire, un tableau représentant sainte Procule décapitée par Géraud.

Elle y était connue en 1835, puisque le 6 août de cette année, Mgr Giraud, évêque de Rodez, accordait gracieusement à M. l'abbé Henry, curé de Gannat, une partie de la relique que son diocèse avait reçu de Gannat, en 1673.

Elle y est connue actuellement; M. l'abbé Servières, dans son livre : *Les Saints du Rouergue,* lui consacre des pages tirées des manuscrits conservés à l'évêché et à la bibliothèque de la ville.

Au mois de juin 1885, quarante-cinq pèlerins de Rodez, prêtres, laïques, dames,

femmes et filles d'artisans, allaient à Paray-
le-Monial honorer le Sacré-Cœur. Ils vou-
lurent, pour la plupart, s'arrêter à Gannat
et rendre leurs hommages à sainte Procule,
leur compatriote. Nous fûmes heureux de
les recevoir à leur descente de wagon.
Malheureusement c'était le soir et à une
heure trop avancée de la nuit pour qu'il
fût possible d'y mettre la solennité que
nous aurions voulu. D'autre part les fatigues d'un long voyage et celles qui les
attendaient pour le lendemain rendaient
nécessaire un repos bien mérité.

Mais le jour venu, les pieux pélerins
accouraient de grand matin à l'église paroissiale. Les prêtres montent à l'autel et
célèbrent le saint sacrifice, les laïques y
assistent avec la dévotion la plus édifiante.

Cependant le bruit se répand parmi eux
qu'il y a, non loin de Gannat, l'hermitage
où sainte Procule a vécu, où elle a prié, où
elle s'est sanctifiée. Tout aussitôt avec l'enthousiasme d'une énergie accoutumée à ne
pas compter avec la peine, on en prend le

chemin sur les pas du président du pèlerinage, le pieux et savant abbé Touzery. Deux
prêtres y célèbrent la messe, durant laquelle des voix males et vibrantes jettent
aux échos de nos montagnes le témoignage
de leur foi vive et ardente.

On s'était donné rendez-vous dans l'église
paroissiale pour assister en commun à la
messe du pèlerinage qui devait se dire
dans la chapelle de Sainte-Procule. Nous
avions reçu l'honneur d'être invité à la
célébrer nous-même et nous avions accepté
avec autant d'empressement que de satisfaction.

A l'heure marquée tout le déambulatoire
était rempli et nous montions à l'autel,
magnifiquement orné et surmonté de la
statue et de la châsse de notre sainte patronne.

Qu'il nous fut doux de souhaiter la bien-
venue à ces frères du Rouergue! et de leur
rappeler qu'ils n'étaient pas des étrangers
pour nous! Non, nous ne perdrons jamais
le souvenir des chants entraînants dont ils

firent retentir les voûtes du temple saint en l'honneur de la Vierge martyre, non plus que de la foi avec laquelle tous baisèrent sa châsse. Ah ! certes, c'était bien témoigner hautement et de la meilleure manière qu'ils la connaissaient, et ceux qui ont été les témoins de ces manifestations de piété n'étaient point tentés de répéter qu'elle était inconnue à Rodez.

Elle y est si bien connue qu'indépendamment de son reliquaire qui décore l'autel, elle a une chapelle placée sous son vocable et elle est la seconde patronne de la congrégation des Enfants de Marie.

Mais ce qui est le plus authentique et le plus sûr des témoignages, c'est qu'elle a une oraison propre dans le *missel* et une hymne et des lecons propres dans le *bréviaire* (1).

Dieu nous a fait la grâce que nous nous trouvions à Rodez au jour de sa fête, le 3 septembre, et nous avons eu le bonheur

(1) Voir à l'appendice le n° X.

de réciter cette oraison à la messe qui lui est consacrée.

Puisse le diocèse de Moulins avoir bientôt le même privilège! C'est le vœu de notre vénérable évêque; c'est celui des nombreux prêtres, enfants de Gannat; ce doit être celui de tous ceux qui tiennent à l'honneur du diocèse et à la glorification de ses saints.

APPENDICE

DOCUMENTS

Nº I.

DE L'UNION DU PRIEURÉ DE SAINT-ESTIENNE DE GANNAT A LA COMMUNAUTÉ DES PRESTRES DE LA MÊME VILLE.

(21 mars 1603).

« Nous, François de Larochefoucaud, par la grâce de Dieu et du Saint-Siège apostolique, esvêque de Clermont,

« Après qu'il nous a plein apparu, et appert du semé en la ditte requeste et entérinement d'ycelle,

« Suivant les pouvoirs à nous attribués par les constitutions canoniques,

« Du consentement du collateur ordinaire du dit prieuré et du titulaire d'ycelluy,

« Avons uni et incorporé, unissons et incorporons le dit prieuré Saint-Estienne

12

de Gannat au corps et communauté de l'église Sainte-Croix en la même ville de Gannat, ensemble tous et un chacqu'uns des revenus, droits et devoirs appartenant au dit prieuré, etc.

« Donné à Clermont, en notre maison épiscopale, le vingt-unième jour de mars 1603.

« Signé Labourieux, nottaire apostolique et commis et secrétaire de l'évêché de Clermont. »

La ditte union a été signiffiée le deuxième jour d'avril 1603 à la personne de vénérable et discrette personne Messire Claude Filhot, sieur de la Faulconnière, prieur de Gannat, lequel a fait réponse qu'il accorde estre au contenu d'ycelle et ne point aucunement différer (1).

« Je, curé de Gannat soussigné, certiffie à tous qu'il appartiendra avoir publié au prosne de ma grande messe paroissialle Sainte-Croix du dit Gannat la sentence

____

(1) Extrait du manuscrit de la Fabrique, p. 92.

émanée de Monseigneur de Clermont au profit des vénérables de la ditte esglise contenue en l'autre part, et ensemble la prise de possession, le dimanche, sixième jour d'avril 1803.

« *Signé Ronchaud, curé de Gannat.* »

Les parties étaient : frère Nicolas Raynaud, chambrier du prieuré de Ris ;

Jean, prieur titulaire du prieuré de Saint-James ;

Frère Blaise Pelletier, religieux des Augustins de Gannat, soit disant vicaire perpétuel de l'église de Saint-Estienne.

Il y avait 25 prestres dans le temps de cette union.

CONFIRMATION DE LA DITTE UNION PAR LE ROY (1).

« Louis, par la grâce de Dieu roi de France et de Navarre, etc.

« *Confirmons, rattifions et approuvons,*

____

(1) Manuscrit de la Fabrique, p. 93.

voulons et nous plaît sortir son plein et entier effet.

« Donné à Fontainebleau le 23 juin l'an de grâce mil six cent onze et de nostre reigne le deux.

« Par le roi en son conseil.

« Coussepin. »

N° II.

CONVENTION ENTRE LA VILLE ET LES COMMU-NALISTES POUR LA RÉCITATION DES PETITES HEURES, VÊPRES, COMPLIES, MATINES.

(6 octobre 1397) (1).

« Universis prœsentes litteras inspecturis et audituris,

____

(1) Archives de la mairie. Une note annexée dit que c'est une copie de l'original sur parchemin.

« Gilbertus Grantem, clericus, consiliarius Domini ducis (1) custosque sigilli can-
.cellariœ sui ducatûs Bourbonensis, salutem
in Domino :

« Noveritis quòd coram nobis et dilecto
nostro Joanne Barelli, clérico fideli, notario
cancellariœ prœdictæ jurato, cui nos quoad
hœc omnia universa et singula quæ
sequuntur audienda et recipienda commi-
simus totaliter vices nostras,

« Personaliter constituti Domini Michael
Anne, aliàs Barthelays, Hugo Fayet, Joan-
nes Anberti, aliàs Barbier, Durandus Chan-
cel, Joannes Bernin, Simon Raclé, Hugo
Arnulphi Pernoy, Guillelmus Brun, Joannes
Anne,

« Aliàs Barthelays, Amblardus Maroan,
Petrus Gay, Gilbertus Chancel, Joannes
Heredis, Guillelmus Baudelli, Joannes Ja-
quin, Joannes Manelhier, presbyteri,

(1) Ce duc de Bourbonnais était Louis II, surnommé le Bon. Il
mourut à Montluçon en 1410 et fut enterré à Souvigny.

« Joannes Goy, diaconus, et Joannes Amblart,

« Aliàs Menot, subdiaconus,

« Socii et servitores ecclesiæ sanctœ Crucis villœ Ganniaci,

« Congregati ad invicem intrà dictam ecclesiam sanctœ Crucis ad sonum magni cymbali, more solito, tanquàm major ac sanior pars dictorum presbyterorum, pro se et aliis servitoribus dictœ sanctœ Crucis ecclesiœ, spontè, scienter ac providè confessi sunt et in veritate coram nobis et notario prœdicto recognoverunt présente ad hœc Thomâ de Mozemo, Petro Minardi, Petro de Mahon et Durando Frougnoux consulibus dictæ villæ,

« Et hujus modi confessionem et recognitionem cœteraque in istis prœsentibus litteris contenta pro se et suis successoribus consulibus et habitantibus dictœ villœ et pro totâ civivate ejusdem villœ ac pro ipsâ villâ recipientibus et solemniter stipulantibus et acceptantibus confessi sunt ;

« Iiquè dicti prœsbyteri socii et servitores dictœ sanctœ crucis ecclesiœ quòd non hodiè paululùm temporis antè concessionem harum prœsentium litterarum, Dicti consules, nec non Guillelmus Goyrier, Joannes Ferris, Petrus Pinaut,

« Aliàs francorum, Joannes Clamethe et Joannes . . .

« Aliàs Doughac, Stephanus Fayet, Joannes Defonte,

« Aliàs Guilhinot, Amblardus Gay, Joannes Arnulphi filius defuncti stephani, Petrus Chancel, Joannes Pinaut,

« Aliàs francorum, Guillelmus Mathie,

« Aliàs Morilion, Guillelmus Heredis, Petrus Imberti,

« Alias Barbier, Guillelmus Aubepin, Joannes Vigier, aliàs Dalhac, Joannes Chancer,

« Aliàs Petit, Petrus Pinaut.

« Aliàs Richard, Joannes Brun, Joannes Albert,

« Alias Proco, Petrus Teinturier, Domut d'Asinas, Stephanus de Mahon, Petrus Brenon, et Bartholomeus Rollin, Durandus

Parlre, Durandus Rambeige, Guillelmus Barthelaix.

« Aliàs Anne, Jacobus de Quarlier, Hugo Fougeroux, Petrus Sive, Huguo Argel, Jacobus Charrier, Guillelmus Baladin, Guillelmus Marin, Gilbertus Ayraut, Dardinus Gastalerie, Jauffretus Sintrat, Stephanus Sive, Mellin, Charreton, Mathœus Chapput, Petrus Vensat, Joannes d'Arouget, Arnerius Terrasson, Petrus Latier,

« Aliàs Richon, Joannes Aime, Geraldus Graudet, Joannes Piuolier, Jacobus Dralier, Guillelmus Fixico, Stephanus Margot, Petrus de Sancto Amando et Joannes Cheval,

« Aliàs Barre.

« Burgenses et habitantes dictœ villœ congregati ad invicem in domo consulatùs ejusdem villœ ad sonum prœconis more solito,

« Consulatum tenentes pro se et pro aliis Burgensibus et habitantibus dictœ villœ,

« Considerantes quòd ab antiquo et de tanto tempore quod non est memoria de contrario, quòd in dictà sanctœ crucis ecclesià sunt et stant presbiteri socii et servitores ejusdem ecclesiæ, qui sunt oriundi de dictâ villâ, Deo servientes ibidem et vocatur communitas, absque et quod extraneus presbiter nec alter in dictâ et dictos præsbiteros portionem habeat in dictâ eorum communitate,

« Considerantes quòd etiam dicti consules, Burgenses et habitantes dictœ villœ quod in dictâ ecclesià fit divinum servitium et celebretur satis solemniter per dictos presbiteros, socios et servitores,

« Tamen non dicuntur matutinœ, nec horœ diei in dictâ ecclesia altà voce in choro per eosdem presbiteros, socios et servitores,

« Et ut dictœ horœ diei qualibet die decenter in perpetuùm dicerentur in dictâ ecclesià horis licitis quibus debent dici campanâ pulsatâ per dictos præsbiteros, socios et servitores ejusdem ecclesiœ in perpetuùm,

« Considerantes dicti consules, Burgenses et habitantes quòd per hunc modum divi-

num servitium in dictâ ecclesiâ augmentaretur favore et contemplatione augmen-
tationis dicti divini cultûs, et ut ipsi
consules, Burgenses et habitantes dictœ
villœ de cœtero in perpétuùm essent parti-
cipes in dicto servitio ad honorem et reve-
rentiam Dei omnipotentis, gloriosissimœ
Virginis Mariœ ejus matris, omnium sanctorum et sanctarum, totiusque Curiœ cœles-
tis paradisi,

« Voluerunt et concesserunt dicti Consules, Burgenses et habitantes dictœ villœ,
dictis prœsbiteris, sociis et servitoribus
dictœ sanctœ crucis ecclesiœ,

« Prœsente domino Michaele Anne, aliàs
Barthelays, presbitero, procuratore *quod
hœc corumdem prœsbiterorum et servito-
rum quod de cœtero et in perpétuum fieret
Institutio per dictos Consules et Burgenses et habitantes dictœ villœ et per suos
successores Burgenses et habitantes diciœ
villœ,*

« *Magistri et Gubernatores domûs seu*

hospitalis in Christo pauperum dictœ villœ Ganniaci totiens quotiens casus institutionis eveniet.

« *De uno presbitero dictœ communitatis dictœ sanctœ crucis ecclesiœ, prœsbitero idonco,*

« Qui presbiter sic institutus *juraret et promitteret* in manibus consulum ejusdem villœ qui tunc essent *de faciendo hospitalitatem in dictâ Dei domo seu hospitali benè et decenter pauperibus et aliis prout erat ab antiquo fieri consuetum,*

« Qui presbiter ad hoc faciendum esset electus per dictos prœsbiteros socios servitores et suos successores presbiteros socios et servitores dictœ sanctœ Crucis ecclesiœ,

« Et si esset probus et idoncus per dictos consules constitueretur ad reginem et gubernationem dictœ Dei domûs seu *Hospitalis* ejusdem villœ,

« Et factâ hospitalitate pauperum et aliorum gestorum et negotiorum dictœ Dei domûs sui Hospitalis.

« *Voluerunt et concesserunt dicti Consules, Burgenses et habitantes dictœ villœ
dictis prœsbiteris, sociis et servitoribus
dictœ sanctœ crucis ecclesiœ Quod resi-
duum esset et remaneret dictis prœesbiteris
et sociis et servitoribus dictœ sanctœ crucis ecclesiœ in perpetuùm ad distribuen-
dum illis qui in persôna essent ad dictas
horas diei dicendas,*

« *Videlicet*

« *Aliis qui benè essent cantantes, legentes et scientes, portionem summœ quœ or-
dinaretur inter dictos prœsbiteros socios
et servitores in solidum, et aliis qui non
essent benè cantantes quamvis essent benè
legentes, ni essent gentes auctoritatis qui
deberent prœferri, medictatem dictœ por-
tionis.*

« Et si dictus prœsbiter, etc. . . . .
. . . .

« Dicti prœsbiteri socii et servitores
dictœ sanctœ Crucis ecclesiœ, consideratis
in hâc parte utilitate et commodo dictœ

sanctœ crucis ecclesiœ, et ut in dictâ
sanctœ crucis ecclesiâ divinum obsequium
in futurum augmentaretur, suâ spontè,
scienter ac providè, pro prœdictis sibi
prœsbiteris sociis ac servitoribus et suis
successoribus prœsbiteris et servitoribus
per dictos consules, burgenses et habitantes
promissis et ordinatis, *promiserunt atque
concesserunt dictis Consulibus, Burgensibus et habitantibus dictœ villœ et suis
successoribus Consulibus, Burgensibus et
habitantibus ejusdem in perpetuum prœsentibus dictis consulibus quòd de cœtero
qualibet die in perpétuum dicent altâ voce
in choro, pulsatâ campanâ quâlibet horâ
infra dictam ecclesiam incessanter Dictas
horas diei, scilicet* Matutinas, Primam,
Tertiam, Meridiem, Nonam, Vesperas et
Completorium, deprecando Deum, glorio-
sissimam Virginem Mariam ejus Matrem,
sanctos et sanctas Dei, totamque curiam
cœlestem paradisi pro dictis consulibus,
burgentibus et habitantibus dictœ villœ ac

pro omnibus benefactoribus dictœ domûs
Dei sui Hospitalis Gannaci... »

Sous la réserve de leurs coutumes et
observances.

« Et sic promiserunt dicti prœsbiteri
socii et servitores et sub obligatione om-·
nium bonorum dictœ communitatis dictœ
sanctœ Crucis ecclesiæ et *juraverunt super
sancta Dei evangelia* se omnia universa
et singula suprà et infrà scripta attendere,
facere, servare, complere et in contrarium
de cœtero facere, dicere vel venire per se
vel alium seu alios, Clàm, palàm vel ma-
nifestè vel aliquovis modo, seque non
fecisse, dixisse, facturos ant dicturos ali-
quid in posterum quominùs promissa omnia et subsequentia minoris habeant seu
obtineant roboris firmitatem, et voluerunt
dicti prœsbiteri socii et servitores quòd
istœ litterœ fiant et reffiant nec non dictan-
tur semel et pluriès ad dictamen sapientium
meliori formà et modo quibus dictari et
grossari poterunt substantià tamen facti
in aliquo non mutatâ, et renunciaverunt

dicti præsbiteri socii et servitores in hoc facto cum juramentis suis omnibus exceptionibus juris et facti et omnibus aliis quæ de jure vel consuetudine contra promissa ab aliquo possent dici et proponi... »

Indication des moyens coercitifs.

« Et est sciendum quòd super et de hujus modi contractu sunt et stant *quædam aliæ litteræ* sub sigillo curiæ officialis Claromontis coram nobis concessæ istis præsentibus quoad rei substantiam consimiles, unum et similem, unicumque contractum continentes et non diversum, licet sint de diversis seu de duabus curiis concessæ.

« *In quorum testimonium his præsentibus litteris sigillum prædictum apposuimus, salvo jure dicti domini Ducis et alieno.*

« *Actum infrà dictam ecclesiam sanctæ Crucis Ganniaci,*

« *Præsentibus Reginalde de Motâ, Joanne Mauberti et Joanne Pouchon, aliàs Lambrant Domicellis,*

« *Et datum sextâ die mensis octobris*

*anno Domini millesimo trecentesimo no-
nagesimo septimo* (6 octobre 1397).

« Et stant signus. »

En marge « *Gilbertus Graulier,* ita est,

« J. Barelli, ita est. » (1).

Nº III.

STATUTS DE L'ÉGLISE SAINTE-CROIX DE GANNAT.

(21 juillet 1416. — 15 avril 1417).

ANCIENS STATUTS.

(21 juillet 1416) (2).

« Nous, official de Clermont, certiffions
à tous ceux qui ces présentes lettres ver-

---

(1) L'auteur ou plutôt le copiste demande grâce pour les noms
qui auraient pu être défigurés par suite de leur latinisation.

(2) Ces statuts, rédigés d'abord sur parchemin, ont eu deux
copies, une en latin (archives de la Fabrique) à laquelle manquent plusieurs feuilles ; l'autre en français (Mairie).

ront que par devant notre bien aimé Jean Fabry, notaire de notre cour de Clermont, envoyé de notre part et destiné spécialement à tenir notre place et représenter notre autorité pour entendre et recevoir tous et chacun des articles suivants,

« Ont été présents en leurs personnes vénérables et prudents hommes les sieurs Pierre Fabry, prieur du prieuré de Saint-Etienne de Gannat, Hugues Arnoux, l'aîné, Jean Lhéritier, Pierre Mathat, Amblard Maroan, Jean Jaquin, Gilbert Graulier, Jean Chanet, Jean Goy, Jean Bilhom, Jean Vialet, Jean Minard et Etienne Fougeroux, prêtres confrères et serviteurs de l'église et communauté de Sainte-Croix de Gannat, comme plus grande et plus saine partie des prêtres confrères et serviteurs de la ditte église de Sainte-Croix,

« Tous assemblés pour terminer les affaires ci-dessous expliquées dans le chœur de la ditte église.

« Observant et examinant ce qu'a dit David dans un psaume : *Servez le Seigneur avec crainte, et chantez ses louanges avec fraieur ;* et quoique David lui-même ordonne de servir Dieu avec un amour filial et de chanter ses louanges avec dévotion de cœur, il y en a pourtant quelqu'uns qui n'y font point d'attention, au contraire, plutôt semblables à des brebis errantes, ils ne recherchent et ne souhaitent que les amusements sans suivre Dieu, mais plutôt le diable, ennemi de toute la nature humaine.

« C'est pourquoi ce n'est pas sans raisons que l'on fait des règlements et des constitutions dans les églises ; et la loi même exige qu'on les punisse et qu'on les dirige convenablement...

. . . .

« C'est pourquoi les dits sieurs prieur et serviteurs de la ditte église de Sainte-Croix, à la louange du bon Jésus-Christ et de la Vierge sa mère et de toute la cour céleste, et pour l'augmentation du culte divin, pour réprimer les excès et les fourberies de quelques-uns de la ditte commu-

nauté qui usurpent, s'accablent d'outrages
et comme des insensés sont exprès et
sciemment un sel insipide,

« En conséquence les susdits sieurs,
prieur et prêtres confrères et serviteurs de
la ditte église de Sainte-Croix ont réglé
pour eux et pour leurs successeurs prêtres
confrères et serviteurs de la ditte église de
Sainte-Croix pour toujours en la manière
et forme qui suit :

« 1° L'office divin se fera tous les jours selon qu'ils le doivent, et honnêtement, tant
les messes que les autres heures canoniques,
et tous y assisteront à moins que ceux qui
y manqueront n'en soient légitimement
dispensés selon ce qui a toujours été observé, ou ils n'auront pas de point.

« 2° Chaque hebdomadaire célébrera, dira
ou fera dire la messe de la semaine ; et si
elle manque faute d'hebdomadaire il
payera *cinq deniers* pour chaque jour du
dit deffaut à un prêtre qui célébrera la ditte
messe à sa place.

« 3° Les dits hebdomadaires célébreront à

l'autel ou aux chapelles aux jours et heures convenables sous la ditte peine.

« 4° Afin que les heures canoniques se célèbrent avec plus de solennité et que tous puissent y assister, s'il se peut tous se garderont de célébrer quand les heures canoniques se chanteront.

« 5° On n'entrera point dans le chœur et on n'en sortira point depuis le *Gloria Patri* du premier psaume jusqu'à la fin de l'oraison ; et si on le fait, on se tiendra debout à l'entrée du chœur, on n'aura pas sa place pendant cette heure là seulement, à moins qu'on ait une cause raisonnable comme elle peut être au curé où à son vicaire quand ils ont les sacrements à administrer.

« 6° La même chose se fera lorsqu'on célébrera les grand'messes. Que personne dans le dit chœur, surtout quand on chante les heures ou la messe, n'ose prononcer des paroles insultantes ou offensantes. Qu'il ne soit pas même permis de parler, si non dans un cas où il y aurait quelque

défaut dans ce qu'on doit dire et qu'alors
ce défaut soit corrigé sans bruit ; et s'il
arrive que quelqu'un veuille soutenir opi-
niâtrement son sentiment quand même il
serait bon, qu'il n'ait pas de point pour
cette heure ; et s'il a coutume de faire la
même chose, qu'on ne lui en marque pas
tout le jour, quoiqu'il assiste à toutes les
heures ; et s'il ne se corrige point que l'entrée du chœur lui soit défendue afin que
cette brebis malade ne corrompe point tout
le troupeau.

« 7° Pareillement, afin que les heures et
la messe se disent aux heures convenables
et dues (ici le copiste a fait une omission).
Si le sacristain ou autres y manquent, qu'il
soit corrigé ; et, s'il ne change pas, qu'il
soit sévèrement puni par le conseil de plus
considérable, ainsi qu'il est juste et raisonnable.

« 8° Lorsqu'on fait des processions générales ou particulières, que chacun des
deux chœurs tienne son rang, selon qu'il a
été reçu dans la ditte église ; qu'ils aillent

de deux en deux, et qu'il y ait entre eux de chaque côté au moins l'espace d'une *brassée*, et on punira sévèrement ceux qui ne le feront pas, parce qu'ils pèchent publiquement.

« 9° Que chacun, pendant qu'on célèbre les divins offices, soit tenu de prendre son surplis, afin de ne pas être en habits différents. Ils seront aussi obligés de prendre leur petite chape ou de prendre leur aumusse, ou autrement qu'ils n'entrent point dans le chœur.

« 10° Si quelqu'un des dits serviteurs ou prêtres et confrères en insulte un autre dans la ditte église ou ailleurs pendant qu'on célèbre les divins offices, celui qui a été la cause de cette insulte s'asseoira pendant trois jours à l'entrée du chœur, et pendant ces trois jours il n'aura point sa place ni son point. S'il refuse de faire cette pénitence, qu'on le prive de sa place et du point pendant une semaine entière.

« 11° Si quelqu'un des susdits serviteurs frappe un des dits serviteurs, après en avoir obtenu l'absolution dans la ditte église, il sera toujours le dernier pendant un mois dans le chœur et dans les processions, et pendant le dit mois il ne recevra pas la portion, parce qu'il est juste que les méchants soient punis par la disette.

« 12° Celui qui n'a pas payé ce qu'il doit payer pour son entrée, selon la coutume et l'usage de la ditte église, n'aura point part aux distributions ni à sa portion pendant un mois et *jeûnera* trois vendredy *au pain et à l'eau*, à cause de la gravité de son crime.

« 13° Si quelqu'un se plongeait tellement dans l'abîme des crimes qu'il ne voulut pas se corriger, et, qu'après avoir été souvent châtié, il ne voulût pas changer ny cesser d'insulter, de frapper ou de commettre d'autres crimes, la correction n'ayant plus lieu et étant devenue inutile, qu'il soit chassé et rejeté de la communauté et qu'on ne le reçoive plus ; mais qu'il soit retranché comme un membre pourri de la ditte église de Sainte-Croix.

« 14° Enfin que l'Etat de la ditte église de Sainte-Croix soit conduit et dirigé avec un ordre salutaire et heureux et que les *cris et les aboiements* des méchants soient entièrement apaisés.

« Les dits sieurs prieur, prêtres, confrères et serviteurs de la ditte église de Sainte-Croix ont réglé que tous les vendredis, à moins qu'il n'arrive quelque fête solennelle, ou que quelqu'autre cause légitime n'en empêche, selon qu'on le jugera expédient pour les affaires présentes qui demandent la promptitude et une courte délibération, *tous s'assembleront au son de la cloche selon la coutume,* pour régler selon Dieu ce qui sera nécessaire et de l'avis de tous ceux qui y assisteront ou au moins de la plus grande et plus saine partie.

« 15° De plus les dits sieurs prieur, prêtres, confrères et serviteurs de la ditte église de Sainte-Croix ont voulu et réglé que *tous les ans* on choisisse un *bayle* de l'avis et consentement de tous, ou du moins

de la plus grande et plus saine partie. Et
alors le dit *bayle* ainsi nouvellement fait
promettera et jurera en présence de tous
les assistants de *lever* (lacune) bien fidèlement et dûment et rendre compte en tems
et lieu selon la coutume de la ditte église.

« 16° Lorsque le temps est venu de régler
les portions dans la ditte église, les susdits
sieurs prieur et prêtres, confrères et serviteurs de la ditte église de Sainte-Croix ont
voulu que les plus considérables et les
plus sensés de la ditte église, qui craignent
Dieu et n'ont en vue que le bon ordre *dis-
tribuent chacune des portions*, selon leur
conscience, comme ils le jugeront juste et
raisonnable, *à ceux qui ont assisté exactement au service*, et *selon la capacité de
chacun et la bonne volonté* des dits serviteurs, selon la bonne coutume qui a été
longtemps observée dans la susditte église.

« 17° Quand on doit faire grâce à quelqu'un aux dépens de l'église, ou quand on
veut luy donner ou présenter ainsy quelque
chose, *cela se doit faire du consentement*

de tous, parce que personne n'est obligé de faire du bien contre son gré.

« 18° Quand la ditte église a quelque chose à faire ou qu'il faut pourvoir à quelques nécessités de la ditte église, il suffit alors que la plus grande et plus saine partie des prêtres, confrères et serviteurs de la ditte église de Sainte-Croix y pourvoie, afin que cela se fasse plus promptement, parce que quelques fois il est dangereux d'attendre.

« *Et ont été présents aux présentes,*

« Prudents hommes *Etienne Fraille* et *Pierre Richard,* autrement *Pinault,* consuls cy-dessus nommés de la susditte ville de Gannat, qui en bon gré et bonne volonté des dits sieurs *prieur,* prêtres, confrères et serviteurs de la d. église de Sainte-Croix ont stipulé et accepté aussi de leur bon gré et bonne volonté ce que nous avons marqué cy-dessus en leur nom et pour le profit de la ditte communauté.

. . . .

« *En foy de quoi Nous,* après le rapport du dit notaire qui nous a fidèlement rapporté que tout ce que nous avons dit a été fait,

« *Fait et passé* sous notre force et autorité en présence des témoins y présents, sieurs *Pierre Crestin,* autrement *Milhier,* prêtre de Saint-Genest, *Jean Larose,* moine du dit prieuré de Saint–Etienne de Gannat, *Michel Malestra Deboin,* clerc de Maître Jean Julien du dit Gannat et adjoutant... *Foyaud, notaire,* et à son dit rapport fait à nous de cette manière, nous avons fait apposer à ces présentes lettres le d. sceau de la d. Cour de Clermont, sans blesser les droits de Notre Seigneur l'Evesque du d. Clermont, ni d'autres.

« *Donné le mardy 21 juillet l'an de N.-S. mil quatre cent seize (1416).*

« Ainsi signé à la marge *Jean Fabry.* »

STATUTS NOUVEAUX

(15 avril 1417).

L'année suivante de nouveaux statuts furent ajoutés aux précédents pour les compléter. Ils ont trait surtout à la bonne distribution des portions et à l'emploi des offrandes et ressources de l'église.

Nous nous contenterons d'en donner le préambule et la conclusion.

« Nous, official de Clermont, certifions à tous ceux qui ces présentes lettres verront que par devant nous, *dans la chapelle de Sainte-Croix de Gannat* où nous étions venu pour la cause suivante, ont comparu en leur personne, en présence des notaires et témoins cy-dessous dénommés,

« Vénérables hommes, Messieurs Pierre Fabry, licencié aux lois ecclésiastiques, prieur du prieuré de la ville de Gannat, diocèse de Clermont, *Jean Lhéritier*, curé de la ditte église paroissiale de Sainte-Croix, *Amblard Maroan, Hugues Arnoux, Jean Portier, Jean Jaquin, Jean Bilhom, Jean Gory, Jean Vialet, Jean Gautier, Jean Minard, Etienne Julien, Guillaume de Foulet, Guillaume Graulier, Guillaume Gougon, Guillaume Gras,* prêtres et serviteurs de l'église paroissiale de Sainte-Croix de Gannat.....

« On rappelle à l'Assemblée, la quelle se composait, outre les personnages cy-dessus désignés, des consuls *Etienne Fayet, Pierre Pinaut,* autrement *Richard,* de prudents vénérables hommes *Gilbert Graulier, Gilbert Julien, Pierre Roger, Pierre Albert, Jean Aubespin, Pierre Barbier, Guillaume Lhéritier, Guillaume Dolevis,* autrement *Douhat, Jean Montaigne, Guillaume Terris, Jean de Foulet, Simon Vadet, Jean Fougeroux, Annet Bataille* et plusieurs autres habitants de Gannat.

« Qu'on n'a pas l'intention de déroger aux anciens statuts, mais de les compléter.

« Suivent les statuts complémentaires qu'on jure d'observer fidèlement. »

L'ensemble des statuts se termine par la mention suivante :

« Et parce que tous ces statuts cy-dessus ne pouvaient être contenus ny écris sur une seule feuille de parchemin à cause de

la multiplicité des mots, c'est pourquoi
Nous, susdit official de Clermont, avons
fait écrire tous et chacun des dits articles
sur deux feuilles de parchemin unies et
collées ensemble. Au bout de la jointure
des deux feuilles, pour ôter tous soupçons,
nous avons cru devoir faire apposer le
sceau de notre cour de l'officialité de Clermont.

« En foy et témoignage de tout et chacune des choses que nous avons dittes,
Nous, official de Clermont, avons fait apposer le sceau de notre cour de l'officialité
de Clermont à ces présentes lettres dou-
blées pour servir aux dittes parties de la
communauté et des habitants de Gannat,
et nous ly avons fait.

« *Fait en présence des témoins prudents
hommes,* le sieur *Pierre Bouchet*, prêtre
de Gannat et promoteur de Notre Seigneur
l'Evêque de Clermont, et *Guillaume Bus-
son*, curé de Saulzet, prêtre,

« *Et donné le jeudi, quinzième du mois*

d'avril, l'an de Notre-Seigneur mil quatre cent dix-sept.

« Signé *Pierre Chaudonis* et *Jean Decitenier*, notaire, avec un fil bleu noué sur soy-même.

« Collation faite des susdittes copies et de leurs originaux par les notaires royaux soussignés.

« Représenté et retiré par Messieurs *Mathieu Mathieu*, prêtre sindic de la communauté de Sainte-Croix, et *Bataille*, clavier d'ycelle qui a remis les dits originaux dans le trésor des dits sieurs prêtres qui ont signé avec nous.

« *Fait le huitième may après midy mil six cent soixante-deux.* Ainsi signé : *Mathieu*, sindic, *Bataille*, clavier du trésor de la communauté, *Rabusson*, notaire royal, *François Franconnin*, notaire royal. »

Il résulte de cette dernière mention qu'au 8 mai 1662 le trésor de Sainte-Croix possédait les parchemins originaux et que le texte latin qui se trouve dans les archives de la Fabrique et le texte français qui se trouve dans les archives de la mairie de Gannat sont des copies fidèles des dits originaux.

N° IV.

DE LA SECONDE TRANSLATION DES RELIQUES
DE SAINTE PROCULE.

(24 avril 1621. — 9 mai 1621).

Le R. P. Constantin fait précéder la narration de cette translation de l'observation suivante (man. de la Fabrique, p. 175) :

« *J'ay cru, mon lecteur, que je devais vous descrire la manière avec laquelle se fit cette solennelle translation pour animer vostre dévotion à ces saintes reliques à l'exemple de nos pères.*

« *Voici une fidelle copie de tout ce qui*

*s'y passa conforme à son original que jay
tirée des archives de l'église de Sainte-
Croix.*

*In nomine Sanctæ et Individuæ
Trinitatis,*
Patris et Filii et Spiritus Sancti. Amen.

« L'an de la Nativité de Notre Sauveur
et Rédempteur Jésus-Christ, mil six cent
vingt-un, *Grégoire quinzième* tenant le
Saint-Siège apostolique, reignant en France
le très chrétien roy *Louis treisième*, étant
gouverneur pour sa Majesté au pays du
Bourbonnais *Monseigneur le prince de
Condé,*

« *Le samedy vingt-quatrième avril la
même année 1621,*

« Suivant la permission et mandement
de Monseigneur Joachim d'Estaing, évêque
au diocèse de Clermont en Auvergne, en-
voyés par Monsieur Bournet, son vicaire
général à vénérable personne *Messire
Estienne Ronchaud*, curé et recteur de
l'église paroissiale Sainte-Croix de cette

ville de Gannat, vénérables personnes Messieurs *Gilbert Morand*, *Gilbert Sollo*, *Pierre Barrier* et *Jean Tourreaud*, prêtres de la ditte église Sainte-Croix,

« Et encore honnorables hommes *Jacques Ferrand*, lieutenant général en la chatellenie de Gannat, *François Cournon*, procureur du Roy en icelle,

« *Claude Faucher*, premier consul, monsieur *Blaize Rougier*, fabricien et marguilier de la ditte église, *Jean Faucher*, sacristin, et maître Chassaigne, bourgeois et habitant du dit lieu,

« Se sont tous assemblés, transportés en la ditte église, les sus dit jour et an *deux heures après mydi*, et étant devant le grand autel où est le tabernacle dedans le quel se gardent les reliques,

« A été révérément et avec tout le respect et honneur requis fait ouverture du dit tabernacle par le dit sieur Ronchaud, curé, et en présence des susnommés et *cy après* de tous les reliquaires ou châsses dédiés à sainte Procule.

« Dans la première des quelles, faite d'argent, à son image tenant sa tête entre ses mains, *donnée cy devant à l'église par noble Gilbert Filliot, vivant sieur de la Faulconnière*, s'est trouvé dans le dit chef *un ossement* enveloppé et plié de taffetas avec un papier escrit et signé *de Lespée*, jadis curé de la ditte église, qui fut remis à l'instant par le dit sieur Ronchaud, curé.

« Dans la seconde châsse, aussi d'argent, donnée à l'église par les habitans de Gannat, ne s'est trouvé aucune chose.

« Et dans la troisième, fabriquée de bois et recouverte d'un taffetas incarnat se sont trouvés les reliques et ossements de la vierge sainte Procule dans *un linge blanc*, qui furent remis dans la ditte châsse par le même sieur Ronchaud, curé, lequel, assisté comme dessus, chanta le verset approprié aux vierges : *regnum mundi et omnem ornatum sœculi*, etc., avec l'oraison propre, et, *d'autant que la ditte châsse de bois était fort uzée à cause du long temps qu'elle a servi, a été délibéré et conclut,*

*suivant le mandement, que les dits reli-
quaires et ossements étant dans la ditte
châsse seraient transportés dans celle d'argent..... sacrée par le dit sieur abbé de
Saint-Alire, ce qui a été effectué depuis,
moyennant la grâce de Dieu, ainsi qu'il
est cy dessus déclaré.*

« A cette occasion eut lieu le 2 mai 1621,
une procession de l'église de Sainte-Croix
en la chapelle de la vierge Sainte-Procule
qui est hors la ville de Gannat près le couvent des Augustins du dit lieu.

« Et, pour plus grande solennité le dimanche, *neuvième may en suivant au dit
an* (9 mai 1621) fut faite une autre procession (1).

« Et fut le dit sieur curé Ronchaud qui
dit et célébra la messe du dit jour, *après la
communion de la quelle il fit l'ouverture
des dittes deux châsses, scavoir de celle de
bois et de celle d'argent consacrée comme
dit est, et avec toute la révérence transféra*

(1) Nous en avons donné la description au chapitre VIII.

les dittes reliques, et les mit et posa dans la châsse d'argent, en présence de tous les assistants, entre les quels étaient les capucins au nombre de neuf avec leur croix, les Pères Augustins et F. Blaize Pelletier, docteur en théologie de la faculté de Paris, leur prieur et curé de Saint-Estienne avec leur croix.

« Le sacrifice de la messe fini et achevé tous les assistants et autres, tant de Gannat que des villes et villages voisins qui s'étaient transportés pour assister à la procession et voir faire la ditte translation des reliques, allèrent ensemble et furent jusqu'à la chapelle de Sainte-Procule, hors de la ville de Gannat, proche l'église des Augustins.

« Au retour de la procession, après le chant du *Te Deum,* demeura la châsse d'argent ouverte *depuis mydy jusqu'à environ sept heures du soir du sus dit jour et an, afin qu'on pût voir les dittes reliques.*

« *Pendant le quel temps elle furent gar-*

dées par les vénérables Messieurs Gilbert Maraud, Pierre Barrier, Jean Tourraud, prestres, et par Messieurs *Blaize Raugier, Annet Simonot* et *Gilbert Mayame,* fabriciens et marguilliers de l'église Sainte-Croix, et par quatre bourgeois armés *d'halbardes.*

« Les quelles solennités et dévotions accomplies,

« *Remirent les dittes reliques et reliquaires dans leur tabernacle... avec les titres, indulgences et enseignements pour servir à perpétuelle mémoire à la postérité. Ainsi est l'original.*

« Ronchaud, curé de Gannat, Arnoux, Berrier, du Croy, chantre, Pelletier, curé de Saint-Etienne, Guyot, Coëffier, Caillet, Tourraud, Chevarier, Vray, Apprest, Ferrand, Cournon et autres susnommés au dit verbal le d. jour et an. »

———————

N° V.

DÉLIBÉRATION DE LA COMMUNAUTÉ DE SAINT-AMANS DE RODEZ.

(17 juillet 1673).

Pour demander à Messieurs les prestres et consuls de la ville de Gannat une relique insigne de sainte Procule.

Le R. P. Constantin, p. 183, fait précéder cette pièce de la mention suivante : *Voici l'acte authentique qui en fut dressé, que jay tiré de l'original.*

Le manuscrit de Rodez ajoute entre parenthèses *mot pour mot :*

« Nous soussignés, religieux et prestres de la fraternité de Saint-Amans de Rodez, assemblés dans notre sacristie,

« Sur ce qui nous a esté proposé par Monsieur Maistre Antoine Monmaton, prestre et curé de la présente église,

« Que Monsieur Jean, prestre de la même église et fraternité, étant allé à nostre prière conjointement avec Monsieur Emelran, consul de la ditte ville et bourg de Rodez en la ville de Gannat en Bourbonnais, pour prier Messieurs les prestres de la communauté de Sainte-Croix et Messieurs les consuls de la ditte ville de Gannat de vouloir nous faire part d'une relique insigne de sainte Procule qui, après avoir honoré notre ville par son illustre naissance et par sa sainte vie, aurait encore honoré ce quartier du Bourbonnais par son martyre et par sa bienheureuse mort, ayant laissé son corps en despost dans l'église de Sainte-Croix du dit Gannat, qui du despuis est dans une singulière vénération dans tout ce pays.

« Ces Messieurs et habitans auraient fait beaucoup d'honneur à nostre député et au dit sieur Emelran, leur ayant promis avec une civilité très obligeante tout ce dont ils les auraient priés,

« Et nos Messieurs, en reconnaissance, leur auraient fait à mesme temps offre d'une relique du corps du glorieux saint Naamas dont Dieu a voulu rendre, ces années passées, le tombeau glorieux par les miracles qu'il y a opérés.

« Ensuite de quoy, les consuls et les habittans de la ditte ville et bourg de Rodez s'estant assemblés pour délibérer sur ce qu'il y aurait à faire pour exécuter un si pieux dessein, ils auraient choisi deux de nos Messieurs de nostre fraternité des plus zellés pour aller remercier les Messieurs de Gannat de la gràce qu'ils nous avaient accordée et prendre de leurs mains la sainte relique qu'ils nous ont promise et leur faire présent à mesme temps et en revanche d'une insigne relique de saint Naamas.

« Sur quoy le dit sieur curé nous ayant priés de délibérer sur ce que nostre communauté doit faire pour l'exécution d'une si sainte œuvre,

« Nous, religieux et prestres, voulant
seconder de nostre côté la dévotion particulière de tous les habitans de la présente
ville envers cette illustre sainte et nous
unir à leur zèle si saint et si juste, avons
unanimement résolu de prier et députer,
comme présentement nous prions et dépu-
tons Monsieur Antoine Majorel et Monsieur
Serres, prestres de notre fraternité, pour
aller témoigner aux Messieurs de Gannat
une partie de nostre reconnaissance, et
leur présenter tant en nostre nom que de
celluy de Messieurs les consuls et habitans
de Rodez la requeste en telle forme qu'ils
la souéteront, et recevoir la relique insigne
qu'il nous ont accordée avec la décense qui
lui est due, leur offrant de notre part, à
mesme temps, une pareille relique du dit
saint Naamas. Nous prions aussi nos dits
députés de nous faire seavoir leur retour à
trois *lieux* de Rodez, afin que nous puis-
sions leur aller au devant pour recevoir la
sainte relique dont on leur aura fait présent

avec tout l'honneur et la pompe qu'elle mérite.

« Ainsi a été conclud,

« Antoine Mommaton curé et sindic,

« Coustu, prestre et sindic,

« Caffard, Carçenat, Blanc, Lageneste, Voullier, Ronqueste, Bargieux, prestres,

« Promerande, diacre. »

———

N° VI.

PROCÈS-VERBAL DE LA LIVRAISON D'UNE RELIQUE DE SAINTE PROCULE AUX DÉPUTÉS DE RODEZ.

Le R. P. Constantin fait précéder ce procès-verbal de la mention suivante, p. 189 : *Recevez icy, mon lecteur, l'acte de cette solennelle translation qui fut dressé dans l'église de Sainte-Croix, le mesme jour que la précieuse relique fut délivrée à Messieurs de Rodez. La copie que je vous donne est conforme à son original.*

« L'an de Notre-Seigneur 1673, le sept du mois d'août, par la permission et le consentement et mandement de Monseigneur l'Evesque de Clermont Gilbert de Vayny d'Arbouze (1),

« Du consentement des communalistes et fabriciens de l'église de Sainte-Croix de Gannat,

« En présence des consuls de la ditte ville, Mrs *Claude Viard, Durand Martin, Guilhaume..... du pré,*

« Fut accordée à Mrs Antoine Majorel et Serres, députés de Messieurs les religieux et prestres de la société de Saint-Amans de Rodez, *une relique insigne de sainte Procule,* scavoir le *cubitus,* c'est-à-dire

____

(1) Nommé à l'évêché de Clermont en 1664, il mourut le 19 avril 1682.

l'os du bras et l'ossement en mesme temps
à nos Messieurs de l'église de Sainte-Croix
le femur, c'est-à-dire l'os de la cuisse de
saint Naamas, le patron de leur Esglise.

« En foy de quoy ont signé les dits députés *Majorel* et *Serres,* prestres de la communauté et société de Saint-Amans de
Rodez.

« Ont signé ensuite Messieurs les prestres de la communauté de Sainte-Croix,
M. Antoine Combe, curé, *Mathieu,* chantre,
*Gilbert Trellet, Gilbert Moulhard, An-
toine Bardet, Mathieu Manouris.*

« Ont signé les Fabriciens et consuls
susnommés, et plus bas *Grimaud* et *Mir-
lavaud,* nottaires. »

———

N° VII.

AUTHENTIQUE DE LA RELIQUE DE SAINTE PROCULE DONNÉE PAR RODEZ A L'ÉGLISE DE SAINTE-CROIX (1).

(6 août 1835).

Diœcesis Ruthenensis.

Petrus Giraud, miseratione divinâ et Sanctæ sedis Apostolicæ gratiâ Episcopus Ruthenensis.

Omnibus et singulis præsentes nostras inspecturis, fidem facimus indubiam atque testamur quòd sacras particulas Reliquia- rum Sanctæ Proculæ, Virg. et Mart.

È locis authenticis extractas recognovi- mus, ideòque ad majorem Dei gloriam et

____

(1) Cet authentique est aux archives de la Fabrique.

*sanctorum venerationem, prœdictas Reli-
quias reverenter deposuimus* super panno
serico coloris rubri sigillumque nostrum
apposuimus,

*Cum facultate illas publicœ venerationi
fidelium exponendi in Ecclesiâ.*

*Datum Ruthenis die 6ª mensis Augusti
anno 1835.*

Locus Sigilli.

† Petrus Episcopus Ruthenensis.
*De mandato ill. ac RR. DD.
Episcopi Ruthenensis,*

A. GIRAUD.

N° VIII.

AUTORISATION DE MONSEIGNEUR L'ÉVÊQUE DE MOULINS D'EXPOSER LA RELIQUE DE SAINTE PROCULE DANS L'ÉGLISE DE GANNAT.

(24 février 1837).

Au verso de l'authentique donné par Mgr l'Evêque de Rodez, Sa Grandeur Mgr l'Evêque de Moulins a écrit de sa propre main l'autorisation qui suit :

Antonius de Pons miseratione Divinâ et sanctæ sedis Apostolicæ gratiâ Episcopus Molinensis,

Cùm sacræ reliquiæ ex alterà parte designatœ testimonio reverendissimi Episcopi Ruthenensis comprobatæ sunt, damus et concedimus licentiam ut piè tam a rectore ecclesiæ vulgò dictæ Gannat quàm à cœteris Christi fidelibus coli possint, atque in hunc finem valeant publi cè exponi.

Datum Molinis, in palatio nostro episcopali, sub signo nostro ac secretarii Episcopatus nostri subscriptione, anno millesimo octingetesimo trigesimo septimo, die verò mensis februarii vigesimâ quartâ.

Locus Sigilli.

† Ant. Episcopus Molinensis.
Le secrétaire a écrit de sa main :
De mandato ill. ac
RR. Episcopi Molinensis,

GUEULLETTE.

N° IX.

TEXTE LATIN DE L'INDULGENCE ATTACHÉE PAR LES CARDINAUX SUBURBICAIRES A LA CHAPELLE EXTÉRIEURE DE SAINTE PROCULE.

(21 mai 1493).

Albertus Sabinensis, Joannes portuensis, Gregorius albanensis, Hieronimus prenestrinensis, *Episcopi,*

Dominicus titulo sancti Laurentii, Laurentius titulo sanctæ Ceciliæ, Antonius titulo sanctæ Praxedis, Joannes titulo sanctæ Suzannœ, presbiteri,

Baptista sancti Georgii, Joannes sanctæ Mariæ, Fredericus sancti Theodoreti, diaconi,

Miseratione divinâ sacrosanctœ romanœ ecclesiœ cardinales, universis et singulis christi fidelibus prœsentes litteras inspecturis salutem in Domino sempiternam.

Quanto frequentiùs sanctorum meritis fideles ad opera charitatis inducimus, tanto salubriùs eorum saluti providemus.

Cupientes igitur ut ecclesia sanctæ Proculæ virginis et martyris sita extrà muros villæ Ganniaci, diœcesis Claromontensis, ad quam, sicut accepimus, dilecti nobis in Christo venerabiles viri *Joannes Rabusson* laïcus, *Gilbertus* presbyter, *Christophorus, Gaspardus* ejusdem Joannis filii, dictæ virgini singularem gerunt devotionis affectum,

Ut uberiùs frequentetur honoribus et a Christi fidelibus jugiter veneretur, ac in suis structuris et œdificiis reparetur, conservetur et augeatur, nec non casulis, albis, calicibus et aliis ecclesiasticis ornamentis divino cultui necessariis decoretur,

Omnipotentis Dei misericordiâ, ac beatorum Petri et paupi apostolorum,

Ejus auctoritate confisi,

Omnibus et singulis christi fidelibus utriusque sexûs verè pœnitentibus et con-

fessis qui dictam ecclesiam, in singulis videlicet : in solemnitate *ejusdem sanctæ Proculæ* virginis, *Exaltatione sanctæ Crucis, sancti Stephani* protomartyris, nec non *die Lunæ in Pascha resurectionis Jesu Christi, domini nostri, ipsiusque ecclesiæ dedicationis festivitatibus*, a primis vesperis usquè ad vesperas secundas inclusivè devotè *visitaverint annualim, ac ad reparationem, conservationem, munitionem, augmentationem et alia opera præmissa manus porrexerint adjutrices.*

Nos Cardinales prœfati, videlicet quilibet nostrum per se pro singulis festivitatibus et diebus prœfatis quibus id fecerint *centum dies de injunctis eis pœnitentiis misericorditer in domino relaxamus, præsentibus perpetuis futuris temporibus duraturis,*

In quorum fidem prœsentes nostras litteras fieri, nostrorumque sigillorum jussimus appensionne muniri.

Datum Romæ, in domibus nostris, sub anno a Nativitate domini millesimo qua-

dringentesimo nonagesimo tertio, die verò vigesimâ primâ maii, pontificâtûs sanctissimi in Christo patris Alexandri divinâ providentiâ Papæ Sexti anno primo.

N° X.

PROPRE DE L'ÉGLISE DE RODEZ.

Die III Septembris (1).
In festo S. Proculæ, virginis et martyris
Duplex.

Omnia de Com. Virg. et Mart., prœter seq.
In utrisque vesperis.

HYMNUS.

Cum palmis, populi,
spargite lilia.

---

(1) C'est la date commémorative de l'arrivée à Rodez de la relique.

Castam pura decent
   lilia virginem.
Palmas martyr amat
   Nempè fuit simul
Martyr virgoque Procula.
Ruthenis celebri quæ
   Sata sanguine
Invisi ut fugeret conju-
   gium viri,
Desponsata Deo, provida
   Patrium
Ultro deseruit solum.
Frustrà per latebras
   pergis et invia ;
Nam seu fœdus amor seu
   furor impulit
Et te per latebras te per
   Et invia
A tergo insequitur procus.
   Quas hic blanditias
   quas adhibet preces
ut te proposito dimoveat
   sacro !

Et vinci impatiens blandi-
    tiis truces
Et subdit precibus minas.
Tu cuncta intrepido pec-
    tore despicis,
et collum, proprii pro-
    diga sanguinis,
prœbes, quod subitò trun-
    cat, in impium
versus carnificem procus.
Sit laus summa Patri,
    summaque Filio ;
Sit par, Sancte, tibi gloria
    Spiritus,
Cujus prœsidio prælia sus-
    tinent
Contemptà nece, virgines
    Amen.

Oratio.

Deus, tuarum virginum sanctificator et
honor, prœsta, quœsumus, ut beatæ Pro-
culœ, Virginis et Martyris tuæ, cujus
hodiernâ die festum colimus, ejus inter-

ventu, in cœlo coronari mereamur. Per
Dominum.

Lectiones I. Noct. de Script. occ.

In II Nocturno.

LECTIO IV.

Ex hist. Eccl. Claromont.

Procula in Ruthenensi pago ex claris
parentum natalibus originem duxit. Ab
ipsà infantiâ, sponsa Christi et Virgo esse
desiderans, ejusque amore vehementer
exardescens, illi soli placere studuit, con-
temptis carnis illecebris mundique ornatu.
Cùm nubilis jàm facta esset, parentes, suæ
posteritati providentes, de matrimonio ejus
consilium inter se inierunt. Die nuptiarum
constituto, sancta Virgo, propositi sui neu-
tiquàm immemor, Deum supplex oravit ut
sui corporis integritatem illibatam conser-
varet, dubiaque quò fugeret, quâve ratione
matrimonium propositum dissolveret, ha-

bito cum illo cujus nomen consiliarius, cujus consilium fortitudo, patriam deseruit.
R.

LECTIO V.

Domo patris relictâ, per latebras et invia pergens, divino tandem nutu, ad terram Ganniaci, in diœcesi Claromontensi sitam, pervenit, ibique incognita per aliquot tempus permansit. Insequitur illam is cui desponsata erat, et ab ipso comprehensa propè Ganniacum, graviterque excepta, cùm nec blanditiis nec minis potuisset à sancto proposito dimoveri, ab eodem fuit capite truncata.
R.

LECTIO VI.

Sermo Sancti Ambrosii Episcopi. *Quoniam hodiè* de com. Virg. 1 loco.

In III Nocturno.

Homilia in Ev. Simile est regnum cœlorum decem Virginib., ex Com. 1 loco.

Missa : Loquebar cum oratione *Deus tuarum virginum* etc. ut suprà.

Tel est le propre actuel du diocèse de Rodez. Il a été approuvé par le pape Pie IX, le 19 mai 1859, à la demande de Mgr Louis-Auguste Delalle, et après un rapport de la Sacrée Congrégation des rites.

Un propre plus ancien se trouve dans le Bréviaire édité par l'autorité et avec l'approbation de *Philippes* de Luzignen (1715). Il a la même hymne, la même oraison, les mêmes leçons et en plus ce qui suit et qui a été supprimé dans le nouveau :

Ad calcem, lect. V. « Caput mox abscissum virginis angelus ejus custos inter manus ipsius ad portandum tradidit eaque tunc loquens et ambulans à loco ubi passa ad ecclesiam usque Gannaciensem centum vel amplius passibus distantem pervenit. »

LECTIO VII.

« Dùm verò ad eamdem ecclesiam Beata martyr mirabiliter festinaret, à quibusdam

obviantibus gravibus est lacessita contu-
meliis qui, deo vindice, in perpetuum
opprobrium et paupertatem extremam lapsi
sunt et successores suos ejusdem ultionis
hœredes reliquerunt. Ecclesiam autem
ingredienti martyri occurit bonæ memoriæ
Paulus sacerdos qui corpus illius celebriori
quâ potuit pompâ tradidit sepulturæ. Quod
postea in digniorem locum ejusdem ecclesiæ translatum est. Cujus insignem Reli-
quiam Illustrissimus Gabriel de Voyer de
Paulmy Episcopus Ruthenensis ad instan-
tiam Cleri sancti Amantii et civium Burgi
a Reverendissimo Claromontensi Prœsule
dono accepit. Quæ cum magnâ pompâ et
honore debito ab universo clero Rutheno,
jussu ejusdem Domini Episcopi, in ecclesiam Divi Amantii asportata est tertiâ die
septembris 1673 publicè fidelium cultui
deinceps exponenda. »

FIN.

TABLE DES MATIÈRES

———

Imprimerie F. MARION, Grande-Rue, à Gannat.

9 782329 386713